Libro del profesor

Etapa 14
Competencias

Nivel

B2.5

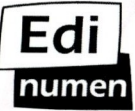

Edi
numen

© Editorial Edinumen, 2013.
© **Autoras:** Anabel de Dios Martín, Sonia Eusebio Hermira y Berta Sarralde Vizuete.

ISBN: 978-84-9848-358-1
Dep. Legal: M-26588-2013

Coordinación editorial:
Mar Menéndez

Edición:
David Isa

Diseño de cubierta:
Carlos Casado

Maquetación:
Sara Serrano

Fotografías:
Archivo Edinumen

Impresión:
Gráficas Glodami. Coslada (Madrid)

Editorial Edinumen
José Celestino Mutis, 4.
28028 Madrid
Teléfono: 91 308 51 42
Fax: 91 319 93 09
e-mail: edinumen@edinumen.es
www.edinumen.es

Extensión digital de *Etapa 14*: consulta nuestra **ELEteca**, en la que puedes encontrar, con descarga gratuita, materiales que complementan este curso.

La Extensión digital para el **profesor** contiene los siguientes materiales:

☐ Libro digital del profesor: introducción, guía del profesor, claves, fichas fotocopiables, transparencias...

☐ Fichas de cultura hispanoamericana

☐ Resumen lingüístico-gramatical

Recursos del profesor:
Código de acceso
98483581
www.edinumen.es/eleteca

La Extensión digital para el **alumno** contiene los siguientes materiales:

■ Prácticas interactivas

■ Claves y transcripciones del libro de ejercicios

■ Resumen lingüístico-gramatical

Recursos del alumno:
Código de acceso
98483536
www.edinumen.es/eleteca

Instituto Cervantes

Este método se adecua a los fines del *Plan Curricular* del Instituto Cervantes
La marca del Instituto Cervantes y su logotipo son propiedad exclusiva del Instituto Cervantes

Introducción a Etapas

Etapas es un curso de español cuya característica principal es su **distribución modular** y **flexible**. Basándose en un enfoque orientado a la acción, las unidades didácticas se organizan en torno a un objetivo o tema que dota de contexto a las tareas que en cada una de ellas se proponen.

Características:

- **14 módulos** de **30 horas** correspondientes a los niveles A1, A2, B1 y B2 según las orientaciones del *Marco común europeo de referencia para las lenguas* (MCER) y su concreción en el nuevo *Plan Curricular del Instituto Cervantes. Niveles de referencia* (PCIC).

- Cada módulo presenta la opción de acortarse, si se prescinde de las actividades opcionales que se incluyen, o ampliarse, si se aprovecha el material extra, y ajustarse así a las necesidades particulares de cada grupo.

Se ofrece en los siguientes **itinerarios**:

- Dos itinerarios estándar: **Etapas** y **Etapas Plus**, diseñado cada uno de ellos según una organización de contenidos y estructura específica.

- **Mis Etapas a medida:** los módulos se pueden adaptar a las distintas necesidades y contextos de aprendizaje combinándolos para obtener los manuales más adecuados a cada centro.

Más información: comercial@edinumen.es y www.edinumen.es/misetapasamedida

I. Estructura y organización de contenidos

Los contenidos de **Etapas** se materializan en módulos que siguen una secuencia estructurada, dosificada y adecuada al tiempo recomendado para su aprendizaje y asimilación.

Cada nivel de **Etapas** aporta al docente:

- unos contenidos y actividades fundamentales para trabajar en el aula, estructurados en bloques de 20 horas.
- unos contenidos y actividades con otras 20 horas extras de materiales:
    - **Actividades extras** incorporadas en el **Libro del profesor**.
    - Actividades de la extensión digital en www.edinumen.es/eleteca cuyo código de acceso figura en el **Libro del alumno** correspondiente.
    - Actividades del **Libro de ejercicios**.

El profesor podrá decidir si desea trabajar con ellos a modo de refuerzo y complemento, o bien obviarlos en función del ritmo y necesidades de su grupo.

2. Las unidades didácticas, las tareas y las actividades

Las unidades de cada **Etapas** están organizadas en torno a un tema u objetivo final, que dota de coherencia y contexto a cada una de las actividades que las conforman, pudiendo así ofrecer al alumno espacios que le permitan **aprender español para usarlo**. Se proponen, así, tareas de aula ficticias (aprender **para usar**), pero no se olvida que la clase es una situación real con unos participantes que tienen una finalidad y que, por tanto, justifica la realización de actividades para la práctica y sistematización de contenidos lingüísticos (**aprender** para usar).

En **Etapas** las unidades contemplan, pues, los siguientes tipos de actividades:

- **Tareas**: actividades que permiten a los alumnos utilizar la lengua para conseguir un fin o resultado. En palabras del MCER: "Las tareas de aula de carácter 'pedagógico' se basan en la naturaleza social e interactiva del aula y en su inmediatez. En estas circunstancias, los alumnos acceden a participar en situaciones ficticias…". (**Aprender para la acción**).

- **Actividades de lengua** a través de interacciones orales y escritas, comprensiones auditivas, comprensiones lectoras, expresiones orales y escritas, con las que se pretende que el alumno sea capaz de conseguir las destrezas que el MCER determina para cada nivel en cada una de ellas. (**Aprender para usar**).

- **Actividades de aprendizaje** con las que se presentan y practican contenidos lingüísticos. (**Aprender**).

- **Actividades de reflexión** sobre el aprendizaje. (**Aprender a aprender**).

- **Juegos o actividades lúdicas.** (**Aprender divirtiéndose**).

3. La metodología

Como hemos podido ver, **Etapas** se basa en un **enfoque orientado a la acción**. Tiene una concepción comunicativa de la lengua y la creencia de que el aprendizaje es constructivo y significativo, y que infiriendo, deduciendo y relacionando formas y significados, usando y haciendo cosas con la lengua es como se aprende. El método o forma de conseguirlo dependerá de los gustos y estilos de aprendizaje de los alumnos: **Etapas** no sigue una metodología rígida y única. En **Etapas, Libro del profesor**, se ofrecen alternativas, sugerencias y distintos itinerarios en las actividades, porque creemos que siempre es el profesor quien decide según las necesidades de sus alumnos. El **Libro de ejercicios** será utilizado por el alumno como apoyo a los contenidos de la unidad.

4. Los componentes

Cada nivel de **Etapas** se compone de:

- **Libro del alumno**, **Libro de ejercicios** en un volumen con **CD** de audiciones.

- En el **Libro del profesor** se incluyen, además de las sugerencias y explicaciones didácticas de las secuencias del **Libro del alumno**, las claves y transcripciones del **Libro del alumno** y del **Libro de ejercicios** y las fichas y material para transparencias que sirven al profesor para complementar y apoyar las explicaciones y actividades del **Libro del alumno**. El libro del profesor se encuentra también en formato electrónico con descarga gratuita en www.edinumen.es/eleteca.

- Los estudiantes pueden consultar las soluciones y transcripciones del **Libro de ejercicios**, así como el material complementario, en la página web de Editorial Edinumen (www.edinumen.es/eleteca), de forma que este puede ser utilizado de forma independiente y autónoma, si los alumnos así lo desean.

Etapa 14: Competencias

Vidas alternativas

El título de esta última Etapa del nivel B2 hace alusión a las diferentes capacidades que debe manejar el alumno para ser competente desde el punto de vista comunicativo. El epígrafe final de las primeras unidades hace hincapié en el trabajo de la competencia lingüística, así se introducen diferentes contenidos gramaticales que pueden ser útiles para un estudiante de este nivel. La última unidad termina con una propuesta de la evaluación de las diferentes competencias.

En esta Etapa se habla sobre las características de los siglos XX y XXI. El contenido gramatical que se ha elegido para el epígrafe *Amplía tu competencia* son los significados de la conjunción adverbial *como*.

1 Bajarse del mundo

Bajo el título del epígrafe se introduce el tema que da cohesión a toda la unidad: tipo y estilo de vida en los siglos XX y XXI. Los contenidos lingüísticos que se trabajan son algunos conectores adverbiales.

I.I. Introduzca el tema de la secuencia con la frase que aparece en la imagen. Motive al alumno preguntándole por su significado y las razones por las que alguien puede haberla escrito. Aproveche las respuestas de sus estudiantes para transitar a la siguiente actividad.

> La frase hace referencia a un personaje muy conocido en el cómic hispano: Mafalda. El creador de esta tira cómica es el argentino Joaquín Salvador Lavado Tejón, más conocido como Quino. Mafalda es una niña inteligente e ingeniosa que se muestra preocupada por la humanidad y la paz mundial, y se rebela contra el mundo legado por sus mayores.

I.2. Pida a los alumnos que lean las estrofas de la canción de Ketama titulada "Que paren el mundo", animándoles a que, en parejas, la completen a partir de las pistas que se les da. Puede que tengan más problemas para descubrir *apuro* y *desvarío*. Anímeles a que usen el diccionario, si lo necesitan.

1. prisa; **2.** moda; **3.** poder; **4.** apuro; **5.** desvarío; **6.** pensar.

I.2.I. Actividad opcional. Si tiene medios para ello, puede corregir la actividad anterior pidiendo a los alumnos que escuchen la canción. Puede encontrarla en *Youtube*, buscando el nombre del grupo y el título de la canción.

> **Ketama** fue un grupo musical español de flamenco-fusión. Representó, hasta su disolución en 2004, uno de los grupos más destacados del denominado "Nuevo flamenco".
>
> Letra de la canción: "Que paren el mundo"

Y todo cambia y todo es tan urgente,
la moda, el alquiler, los juegos del poder,
yo sigo aquí con la misma camisa, ya lo ves.
Buscando como buscan los cantores
el guiño que no está en la partitura,
un poco de calor, la sombra de tu amor.
Mi mano detenida en tu cintura y ahora bien.

No perdí las ganas de cambiar
ni aún el gusto de cortar por un camino nuevo,
yo ya no me fío de tanto fin de siglo.

Dónde irá a parar, dónde irá a parar,
quiero bajar, paren el mundo,
dónde irá a parar, dónde irá a parar,
con tanto apuro y desvarío
a veces no hay tiempo para pensar.

Dónde irá a parar, dónde irá a parar
en la era de la prisa
dónde irá a parar, dónde irá a parar,

vivimos en la era de la prisa,
yo voy con la misma camisa,
me quiero bajar, tanto apuro hacia ningún lugar.

Y todo pasa pero nada queda
en la epidemia de la tontería
yo quiero meditar, sentarme en un lugar,
cumplir lo que tu boca prometía,
y te diré que no me importa
yo ya estoy jugado,
no quiero ganar ninguna carrera,
y a dónde voy a ir, si puedo aquí seguir
en la gloria bendita si me deja

Que no perdí las ganas de salir,
ni aún el gusto de vibrar por un acorde nuevo
pero si es hablar prefiero hablar sincero.

Dónde irá a parar, dónde irá a parar,
quiero bajar, paren el mundo.

I.2.2. Si han escuchado la canción, póngala de nuevo y pídales que identifiquen la frase que se refiere al siglo XX; en caso contrario, cópiela en la pizarra: "Yo ya no me fío de tanto fin de siglo" para introducir la actividad. Pida a los alumnos que lean el párrafo que resume las características del siglo XX y anímelos a que en pequeños grupos completen el cuadro con los acontecimientos o hechos que conozcan. Ponga, ayudado por ellos, algunos ejemplos.

I.2.3. Para completar la actividad anterior e introducir parte del léxico objetivo de la unidad, divida a la clase en grupos, haga fotocopias de la ficha 1 y recorte las tarjetas. Entregue un juego a cada equipo y pídales que las lean, pregunten lo que no comprendan y la coloquen en el espacio correspondiente del cuadro anterior. Una la corrección o puesta en común de este ejercicio con la actividad siguiente.

Avances tecnológicos y científicos: 7, 11, 12, 17, 29, 30, 31; **Avance en medicina:** 14, 23, 32; **Atrocidades humanas y desastres naturales:** 1, 5, 6, 8, 9, 13, 16, 19, 22; **Acontecimientos políticos y sociales:** 2, 3, 4, 10, 15, 18, 20, 21, 24, 25, 26, 27, 28, 33, 34.

 Ficha 1. *Características del siglo XX.*

I.2.4. Aproveche la puesta en común o corrección de la actividad anterior para hacer una pequeña interacción oral.

I.3. Con esta actividad de vacío de información se inicia una secuencia para presentar, y comparar, algunos nexos adverbiales. Introdúzcala con una lluvia de ideas. A partir de las características del siglo XX, pregúnteles sobre las de este siglo. A continuación, divida a la clase en parejas (A y B), pídales que primero, individualmente, cada uno mire el texto que le ha correspondido y trate de completarlo. Anímelos a que si no saben la respuesta, se aventuren. Los textos ofrecen los modelos de lengua de algunos de los conectores que se analizarán posteriormente.

I.3.I. Ponga ahora a los estudiantes en parejas y explíqueles que pidan la información que les falta a su compañero.

I.3.2. La comprensión auditiva ofrece modelos con nuevos conectores para posteriormente compararlos con los que están en la actividad anterior. Esta primera escucha es de comprensión: se trata de relacionar temáticamente los párrafos que van a escuchar con los que acaban de leer. Para facilitar a los alumnos la actividad, dichos textos se ofrecen en la ficha 2 y se recomienda la siguiente dinámica. Ponga a los alumnos en parejas, fotocopie la ficha y recorte las tarjetas. Reparta un juego a cada una. Pídales que coloquen las fichas en el mismo orden en que escuchan el texto con el que lo relacionan para después completar el cuadro del libro. Haga el primer ejemplo con ellos (el primer párrafo de la audición reseñada con la letra a, se relaciona con el texto 4). Adviértales que en este momento no deben prestar atención a las partes resaltadas.

 Ficha 2. *Características del siglo XXI.*

a. Texto 4; **b.** Texto 2; **c.** Texto 1; **d.** Texto 3; **e.** Texto 5.

I.3.3. Ponga de nuevo la audición para que completen con los conectores que se quieren presentar.
1. tan profunda que; **2.** tales como; **3.** conforme; **4.** más que; **5.** tan grande que; **6.** tal y como.

I.3.4. Recomiende a los alumnos que vuelvan a emparejar las tarjetas de la ficha 2 con los párrafos de la audición para poder comparar los conectores. La relación era la siguiente: a. Texto 4; b. Texto 2; c. Texto 1; d. Texto 3; e. Texto 5. Pídales que lean el cuadro explicativo sobre los diferentes tipos de oraciones adverbiales y que lo completen con las partes resaltadas de los textos de la ficha y de los de la audición. Adviértales que solo deben fijarse en lo que está resaltado.

Una vez que haya corregido la actividad, vuelva a los conectores que no se han recogido para analizar su significado con ellos. Dependiendo de su grupo, decida si necesita ampliar la información que le proponemos en el cuadro posterior.

Modales: 1. conforme al calendario gregoriano; **2.** tal y como aparece en el enlace que lleva a la web. **Comparativas: 3.** interconectan a personas más de lo que sus creadores pudieron imaginar; **4.** fenómenos tan importantes como los anteriores; **5.** provocó un desánimo tan grande que se pensó que... **Consecutivas: 6.** un avance y digitalización tal que a esta época se la conoce como la era de la información; **7.** de alcance global y de tal envergadura que continúa hasta nuestros días; **8.** promete revolucionar el futuro de una manera tan profunda que algunos han comenzado...

Texto b: [...] *si bien no pueden desvincularse de ella problemas tales como la falta de veracidad, la autenticidad de las fuentes* [...]. Se trata de una enumeración introducida por el conector *tales como.*

Texto c: *Este error se va acumulado conforme van pasando los años* [...]. En este caso el conector *conforme* introduce una oración temporal.

Texto d: *Es evidente que otra comunicación es más que posible.* La expresión *más que* tiene valor modal.

I.4. Con esta última secuencia del epígrafe se trabajan las destrezas lingüísticas. Si tiene la posibilidad, introduzca la actividad con la imagen de los músicos Joaquín Sabina y María Jiménez. Puede hablar brevemente del tipo de música que hace Sabina, y, sobre todo, de las letras de sus composiciones. Explíqueles que se caracteriza por escribir sobre historias cercanas y actuales. Dirija la atención al título de la canción y motíveles para que traten de explicar el significado. Pregúnteles sobre el tipo de noticias que pueden provocar un eclipse de mar, metafóricamente hablando. A continuación, anímelos a que continúen haciendo la actividad en grupos pequeños. Al final haga una puesta en común y, como seguramente tendrán curiosidad por saber algo más sobre la letra de la canción, pase al siguiente ejercicio.

I.4.I. Actividad opcional: recorte las estrofas de la canción de la ficha 3 y cuélguelas por las paredes de la clase y pídales que busquen las palabras coloquiales-jergales a las que se refiere el ejercicio. En la corrección, pueden hablar sobre el mensaje negativo de la letra y comentar algunos de los versos. Si puede y lo cree conveniente, busque la canción en Internet y póngasela a sus alumnos.

 Ficha 3. *Eclipse de mar.*

a. pillar; **b.** movidas; **c.** pasote; **d.** pelas.

I.4.2. Haga esta actividad si su grupo muestra interés en este tipo de lenguaje.
1. c; **2.** d; **3.** g; **4.** a; **5.** f; **6.** b; **7.** e.

I.4.3. Actividad opcional: ponga a los alumnos en pequeños grupos para hacer la actividad.

I.5. Termine el epígrafe con esta actividad de personalización. Deje que individualmente piensen y escriban o tomen nota de lo que quieren hablar. Permítales que se tomen el tiempo que necesiten.

I.5.I. Ponga a los alumnos en parejas y anímelos a que lleven a cabo esta interacción oral.

2 Otro mundo es posible

En este epígrafe se presentan algunas perífrasis de participio. El tema que vertebra las actividades es el que refleja su título, cogido de los movimientos antiglobalización, uno de los hechos sociales más relevantes de este siglo: opiniones, ejemplos, reflexiones sobre un mundo alternativo al que se ha hablado en la primera parte.

2.I. y **2.I.I.** Motive la actividad con el eslogan y anime a los estudiantes a que anticipen los temas del texto que van a leer. Pídales que lo lean y que pregunten o busquen en el diccionario lo que no entiendan. Haga una interacción oral sobre el contenido. Pregúnteles si se trata de un mensaje ingenuo, idealista o posible. Anímelos a que argumenten sus respuestas. Aproveche para hacerles la pregunta de la actividad 2.1.1., ya que la opción por el uso de la primera condicional transmite más optimismo y seguridad.

2.2. El texto anterior sirve para introducir esta actividad. Anime a los alumnos a que completen el esquema con otras ideas.

2.3. La actividad introduce el resto de tareas de la secuencia en las que vamos a ver ejemplos de personas que han decidido dejarlo todo y cambiar su vida. Cree el interés de los alumnos a partir de la frase de la imagen. Cuando lo crea conveniente, presente las imágenes de las personas que decidieron cambiar su vida en la siguiente actividad.

2.3.1. Actividad de interacción oral que sirve de motivación y que involucra a los alumnos con sus opiniones e imaginación.

2.3.2. Actividad de comprensión lectora. Pida a los estudiantes que comprueben sus hipótesis y que contesten a las preguntas. Antes de corregir la actividad, deje que los alumnos en parejas compartan sus respuestas.

Posibles respuestas: **1. a.** Expresión que utilizamos para expresar que no estamos dispuestos a soportar la situación y que estamos decididos a cambiarla; **b.** Empezar de nuevo; **c.** Hacer cambios en la vida de una persona; **2.** Respuesta abierta.

2.3.3. y **2.3.4.** Contextualice la actividad explicando a los alumnos que van a escuchar el reportaje sobre Isabel, Miguel y Clara contando por qué quisieron cambiar su vida. Pídales que completen las frases, para posteriormente compararlas con sus respuestas anteriores y que se fijen en las expresiones del ejercicio 2: anímelos a que traten de deducir su significado. Puede que tengan problemas con la palabra *monja de clausura*, esté preparado para solucionarlo en el caso que detecte que tienen problemas, pero no lo preenseñe, ya que se perdería el interés de la tarea. Deje que los estudiantes se autocorrijan con el texto transcrito del reportaje de la actividad 2.3.4.

1. Isabel, una médica endocrinóloga de 43 años, dejó su hospital para ingresar en un monasterio como monja de clausura. A los 47 años, Miguel dejó su restaurante en una gran ciudad para reconstruir casas en un pueblo abandonado. Clara era juez y fiscal y ahora es bailarina y profesora de danza; **2. a.** Que no se sentían a gusto con sus vidas, con lo que hacían; **b.** Cerrado por cansancio; **c.** Tomar una decisión precipitada o actuar de modo irreflexivo; **d.** Que acaban de convertirse en nuevos aldeanos; **e.** Formas de cambiar de vida.

2.4. Secuencia que utilizaremos para introducir las perífrasis de participio. Presente a otra pareja, Xavi y Carme, que también decidieron cambiar su vida, y de la misma forma que antes, involucre a los alumnos con sus opiniones. Cuando lo crea necesario, pase a la siguiente actividad.

2.4.1. Comprensión auditiva en la que aparecen los modelos de lengua a partir de los cuales se reflexionará. Contextualice explicando que van a continuar escuchando el reportaje anterior. Ponga la grabación dos veces, si lo considera necesario, y deje que los alumnos comparen sus respuestas entre cada escucha y antes de la corrección.

1. terminada nuestra anterior vida; **2.** impresionados por la cantidad de miseria y pobreza que había en el mundo; **3.** obligados a tomar una decisión, a hacer algo; **4.** libros que ya llevan escritos.

2.4.2. Pida a los alumnos que lean las explicaciones sobre el uso de algunas perífrasis de participo y anímelos a que completen las que faltan con los verbos y ejemplos extraídos de la audición.

3. Llevar, *Otra vía de financiación han sido los tres libros que llevan escritos*; **4.** Dar por, *Decidimos dar por terminada nuestra anterior vida*; **7.** Quedar, *Quedamos impresionados por la cantidad de pobreza y miseria*; **8.** Verse, *Nos vimos obligados a tomar una decisión*.

2.5. Anime a los estudiantes a que usen las perífrasis anteriores a partir de las ideas que se les ofrece. Déjeles un tiempo para que piensen, luego póngales en grupos pequeños.

2.6. Actividad de interacción oral. Involucre a los alumnos con sus experiencias y opiniones.

2.7. Termine este epígrafe hablando sobre el deseo de algunas personas de cambiar el mundo relacionado con el uso de las tecnologías. Pida a los alumnos que lean las frases, pregunten lo que no entiendan y entable en grupo clase una conversación sobre el tema.

2.7.I. Actividad opcional. Amplíe la información anterior con la lectura de este texto.
a. 3; **b.** 4; **c.** 1; **d.** 5; **e.** 2.

3 Amplía tu competencia lingüística

Epígrafe dedicado a un contenido lingüístico. En este caso, se sistematizan los usos de la conjunción *como*.

3.I. Para utilizar una dinámica más activa, las frases se ofrecen también en la ficha 4, con la opción de recortarlas para posteriormente clasificarlas en el cuadro, que el profesor puede escribir en la pizarra.

 Ficha 4. *Usos de como.*

3.2. **1.** indicativo, 9, 10, 13; **2. a.** indicativo, 8; **b.** subjuntivo, 2, 4, 11; **3.** subjuntivo, **a.** 1, 6; **b.** 3, 12; **4.** indicativo, 5, 7.

3.3. y **3.3.I.** Advierta a los alumnos que deben tener cuidado también con el tiempo.
1. *fuiste*, causal; **2.** *salgas*, advertencia; **3.** *has cortado*, modal; **4.** *parezca*, modal; **5.** *dijeron*, modal; **6.** *den*, amenaza; **7.** *pone*, modal; **8.** *pongas*, advertencia; **9.** *pude*, modal; **10.** *ha sido*, comparativa.

3.4. Ponga a los alumnos en pequeños grupos para hacer la actividad.

Unidad 2

Frente al televisor

El tema que vertebra esta unidad, la televisión, es aprovechado para presentar el léxico y los aspectos lingüísticos que abundan en las emisiones televisivas: errores frecuentes, coloquialismos y diminutivos, etc.

 Enganchados a la pantalla

En este epígrafe se hablará de la adicción a la televisión y a las redes sociales y se debatirá sobre ello. Se presta especial atención al apartado de las series televisivas y los culebrones, por ser estos dos formatos televisivos los que provocan dependencia y ansiedad porque el expectador quiere conocer la evolución de los personajes en siguientes capítulos.

I.I. y I.I.I. Ofrecemos un cuestionario para contextualizar el tema de la unidad y despertar su interés. Anime a sus estudiantes a completarlo con otras preguntas. Luego, haga que se pongan todos de pie para preguntarse las cuestiones y posteriormente, en grupo clase, deben decidir quién es la persona de la clase más tecnoadicta, justificando su elección.

I.I.2. Comprensión auditiva sobre la adicción a las redes sociales. Introduzca la actividad preguntando qué aspectos positivos y negativos ven en su uso, antes de poner el primer audio. Explique claramente en qué consiste la tarea para que tengan claro dónde deben dirigir su atención en la escucha. Deje que comparen sus respuestas antes de corregirlas en plenaria. Si fuera necesario, podría ponerse una segunda vez para completar la tarea.

1. El entorno del adicto; **2.** Adicciones digitales; **3.** Mujeres jóvenes e inseguras; **4.** Porque permite que los usuarios se desinhiban y cuenten cosas que no harían en persona.

I.I.3. Actividad comunicativa para desarrollar la interacción oral. Los estudiantes expresarán su opinión sobre el uso/abuso de las redes sociales. Tiene la posibilidad de convertirlo en juego de roles: la mitad de la clase a favor del uso de las nuevas tecnologías y las redes sociales, la otra mitad en contra. Deje tiempo para pensar ideas para defender las posturas respectivas antes de comenzar el debate.

I.2. Presentación de vocabulario relacionado con la televisión y las redes sociales. En caso de dudas de alguna palabra, permita que si un estudiante conoce su significado, sea él quien lo explique al resto de la clase y no usted. Así fomentará el llamado T.H.E. (tiempo de habla del estudiante).

1. noticiarios, culebrones, anuncios, telenovelas, el parte meteorológico; **2.** telespectador/a, enviado/a especial, corresponsal, presentador/a; **3.** tener mucha audiencia, dar a conocer un rumor/un dato, cambiar de canal/cadena, pasar el rato; **4.** un programa televisivo, noticia de última hora, (apto) para todos los públicos; **5.** tuitear, poner/mandar un mail/WhastApp/SMS, bajarse/descargarse una peli/un disco/un vídeo, adjuntar un archivo.

I.2.I Práctica formal del vocabulario aprendido. Forme tríos. Coloque una silla en cada grupo de espaldas a la pizarra donde se sienta un estudiante que no puede mirar la palabra que en ella escriba usted. El resto del equipo le tiene que explicar su significado a través de definiciones o mímica. Cada grupo recibe un punto por palabra adivinada con la mayor rapidez: gana el grupo con más puntos.

I.3. Actividad comunicativa para desarrollar la comprensión lectora. Escriba en la pizarra a modo de juego del ahorcado el título de la noticia para que, una vez descubierto, empiecen las conjeturas de sus aprendices sobre el mismo: ¿De qué creen que tratará el artículo? Explique la tarea a realizar antes de leer para que la completen en parejas. Corrija al final permitiendo que sean ellos los que digan las respuestas.

a. seriéfilos; **b.** por entregas; **c.** compulsiva; **d.** abordaron; **e.** El boca a boca; **f.** atracones; **g.** desconectar; **h.** emitirse; **i.** proclive; **j.** me sabe a poco.

I.3.I. Cuestionario para desarrollar la expresión escrita e interacción orales. La primera parte, escritura de preguntas, se hará individualmente. Corríjalas mientras las están redactando. El cuestionario puede realizarlo en parejas o tríos y poner en común con el resto de la clase las conclusiones de la discusión de cada grupo. Aquí, puede tomar nota de los errores de los alumnos para no cortar el aspecto comunicativo de la actividad y hacer una corrección en la pizarra con los errores más comunes, dejando la posibilidad de autocorrección de los mismos por parte de los estudiantes.

I.4. A partir de este momento el tema de la clase se dirige hacia las telenovelas. Permita que los alumnos adivinen el asunto leyendo su definición.

1. Telenovelas o culebrones.

I.4.I. Motive la lectura sobre famosos culebrones de la historia de la televisión con la pregunta: *¿Sabéis qué medio infalible usan muchas personas de países del Este de Europa para aprender español?* La respuesta, claro está, es con este tipo de programas televisivos, que ha supuesto un verdadero *boom* para el aprendizaje de nuestro idioma.

1. c; **2.** d; **3.** b; **4.** a.

I.5. Presentación de exponentes funcionales para hablar de relaciones sociales y amorosas. Recorte el vocabulario de la ficha 5 y péguelo por las paredes de clase. Anime a ponerse de pie a sus alumnos para que vayan colocando los exponentes que lean en la columna correspondiente. Corríjalo al final en la pizarra invitando a sus aprendices a completar las columnas e ir explicando el significado de todo lo que conozcan: en última instancia será usted quien explique el vocabulario desconocido por todos. *Enrollarse* o *tener un rollo* con alguien es una expresión coloquial usada en España para hablar de una relación esporádica o temporal con alguien en la que no se establece compromiso alguno.

Ficha 5. *Léxico de relaciones amorosas y sociales.*

1. Me vuelves loco/a, me atraes, te deseo, te echo de menos, tener una amante, estar prometido/a, seducir, romper una relación, ¡cariño mío!, enrollarse con alguien (coloq.); **2.** Ser un amigo de toda la vida, conocer(se) por casualidad, hacer(se) amigos, saludar afectuosamente, hacer una visita, darse dos besos, conocerse de vista.

I.5.I. Práctica formal del lenguaje anterior para que lo memoricen y mecanicen. Reparta las tarjetas que ha pegado por las paredes en la actividad anterior a cada estudiante.

Forme un círculo con los alumnos de pie en el centro del aula: deberán hacer mímica de uno en uno para que el resto de los compañeros adivinen la expresión. Ejemplifique usted primero la dinámica haciendo mímica y preguntando de qué palabra se trata.

1.5.2. **Actividad opcional** para desarrollar la expresión escrita. Cada estudiante elegirá tres palabras individualmente y las compartirá en trío. Con las 7 u 9 palabras elegidas (podrían tener alguna repetida) deben escribir la sinopsis de un culebrón. Luego, leerán las composiciones al resto de la clase que se pondrá de pie cada vez que aparezca una de las palabras de la tabla y deberá imaginar su título. Corrija el texto durante su redacción.

2 Los *reality*, concursos y magazines

En este epígrafe se habla de famosos programas hispanos y se estudian aspectos como el lenguaje coloquial, la formación y valor de los diminutivos y las expresiones de ánimo y consuelo tan frecuentes en muchos de estos formatos televisivos.

2.1. En esta actividad se pide a los estudiantes que imaginen de qué trata cada uno de los programas atendiendo al título y al probable conocimiento que pueden tener de formatos televisivos internacionales. Puede motivar el tema hablando de *Gran Hermano*, del que la mayoría habrá oído hablar y pidiendo su opinión a los alumnos sobre este tipo de programas.

1. *Reality*: *Gran Hermano*; **2.** *Coaching*: *La Voz, Pesadilla en la cocina, Creciendo juntos* (Guatemala); **3.** **Concurso**: *Saber y ganar, Calle 7* (Chile); **4.** **Magazín**: *Más Gente, La Chisme* (TV latina en EE.UU.); **5.** **Esoterismo**: *Más allá de la vida*.

2.1.1. Actividad de comprensión auditiva en la que se hace una valoración negativa del magazín *Más Gente* y otra positiva del concurso *Saber y ganar*. Explique a sus alumnos que van a oír un audio donde se valorarán dos de esos programas y que deben tomar notas en la columna correspondiente de léxico positivo o negativo que entiendan. Permita que comparen en parejas sus resultados tras la primera escucha, y si fuera necesario, ponga de nuevo el audio. Habrá algunas palabras que no conocerán, como *relamidos y estirados, ñoñería* y *ser un soberano plomazo* (enormemente aburrido): explique su significado.

1. Connotación positiva: brillante programa, dirigido con pulso firme y magistral seriedad, divulgativo, renovarlas, una puesta en escena simple y correcta, sin golpes de efecto, programa bien hecho y cuidado, ambiente amable y alejado de la crispación; **2. Connotación negativa:** programa aburrido, sin ritmo, soso, ridículos, relamidos y estirados, cadena que no resiste un visionado completo, empalagoso, ñoñerías, auténtico y soberano plomazo.

2.1.2. Práctica formal del lenguaje anterior. Deje unos instantes para que piensen en algún programa con las características que se piden para que posteriormente hablen de ello. Ejemplifique usted con su opinión personal antes para animar a sus estudiantes.

2.2. y **2.2.1.** Comprensión lectora que incluye un montón de coloquialismos frecuentes en España. Use las viñetas para motivar el tema y deje que lean el texto para ver si están de acuerdo con lo que en él se dice. Es importante que tenga claro el significado de todas las palabras del mismo, pues los estudiantes querrán conocerlas también. Pero antes de pasar a explicarlas, anímales a realizar la actividad 2.2.1. para pensar, en parejas, el posible significado de alguna de ellas. Si no lo tienen claro, la siguiente actividad les dará la solución.

2.2.2. Actividad para conocer el significado de algunas palabras coloquiales del texto anterior. Recorte las palabras y su definición de la ficha 6 y reparta una a cada estudiante. Cada uno lee su definición y el resto de compañeros tendrá que adivinar la palabra y aprovechar para copiar su significado si no lo tuviera claro.

 Ficha 6. *Definiciones de coloquialismos.*

2.2.3. Aclare el significado de las palabras restantes del texto que interesen a sus alumnos: para evitar un exceso de información innecesaria, pues pueden ser muchas las palabras coloquiales desconocidas por todos, limite el número de vocablos que puedan preguntar (por ejemplo, solo uno o dos por estudiante). A continuación, proponga jugar al *Pictionary* para memorizar dicho vocabulario: forme dos grupos, diga una palabra al oído de un representante de cada grupo que deberá dibujarla en la pizarra para que la adivinen sus compañeros. Gana el grupo que más palabras haya adivinado. Anímelos con léxico del tipo: *¡Venga!, ¡Ánimo!, ¡Vamos!,* que le servirán para enlazar con la actividad posterior.

2.3. y **2.3.1.** Presentación de grupos léxicos para animar, advertir, tranquilizar y consolar. Pregunte a sus aprendientes si recuerdan qué expresiones ha estado usando usted en la actividad anterior para dar ánimo a cada equipo. Explique que van a aprender más jugando al dominó. Reparta las tarjetas que haya recortado de la ficha 7 entre sus alumnos: distribuya la clase en grupos de 4 o 5 personas, de modo que tendrá que hacer tantos juegos de fichas como grupos tenga en clase. Deben completar las expresiones: es importante que presten atención a las preposiciones y que digan en alto la expresión completa, cuando casen dos fichas, para mejorar su fluidez y pronunciación. Al terminar el dominó, cada estudiante completará la tabla de 2.3.1. con el léxico aprendido.

 Ficha 7. *Dominó de expresiones de ánimo y consuelo.*

1. Advertir: Te aviso de que no te queda mucho tiempo, Presta atención a lo que haces, ¡Ojo con el de la derecha!, No te fíes de lo que te diga el equipo contrario; **2. Tranquilizar y consolar:** Seguro que todo saldrá bien, No te pongas así, Tranquilo/a, hombre/mujer, Ya verás cómo todo se arreglará, Ya está, ya ha pasado; **3. Animar:** Ánimo, que ya queda poco, No tengas miedo de equivocarte, no pasa nada, No te rindas, Tú puedes, Sigue intentándolo, No hay nada que temer.

2.3.2. **Actividad opcional** para practicar las expresiones aprendidas en el epígrafe. Anime a sus alumnos a escribir en parejas o tríos un diálogo que incluya el mayor número de expresiones aprendidas. Corrija los textos mientras van elaborándolos. Al final, los alumnos deben representarlo. Los demás deben puntuar el diálogo con más expresiones y el mejor representado (fijarse en la gesticulación y los aspectos sociolingüísticos tales como saludos, adecuación al registro y al contexto, proximidad, etc.).

2.4. Presentación de los valores del diminutivo. Puede contextualizar la actividad contando: *El otro día fui a ver la casita nueva de un amigo y ¡qué casita!, ¿cómo creéis que era?, ¿grande o pequeña?..., Pues era un casoplón.* Con ello llamará la atención sobre el valor de la derivación. A continuación, anime a comentar las viñetas por parejas y a pensar qué valor tiene cada diminutivo en ellas antes de ver la solución.

1. Recrear una atmósfera paradisíaca, expresar agrado y bienestar; **2.** Expresar cariño y afecto; **3.** Ironía (con afecto o malicia); **4.** Expresar desagrado y desaprobación; **5.** Suavizar una situación, no impacientar; **6.** Suavizar una petición.

2.4.1. y **2.4.2.** Presentación de las reglas de formación de los diminutivos. Forme grupos de cuatro estudiantes, recorte los textos de la ficha 8 y reparta uno a cada alumno. Dé tiempo suficiente para que los lean individualmente y en silencio y puedan comprenderlos y memorizar parte de su contenido. Después, anime a que se cuenten la información aprendida dentro de cada grupo y a que completen el cuadro final con lo que consideren más relevante. Es importante que no lean los textos literalmente al hablar con sus compañeros, sino que deben explicar su contenido con sus propias palabras para facilitar al resto de grupo el entenderlo.

 Ficha 8 (A y B). *Formación de diminutivos.*

2.4.3. Actividad para reflexionar sobre el cambio de significado de algunas palabras derivadas. Preséntela diciendo a sus alumnos: *¿Qué os gusta más: que os digan lindas palabras o palabrotas?* Explique la diferencia de significado entre ambas y anime a pensar en la diferencia entre el resto de pares de palabras en parejas.

1. Palabrota es una palabra malsonante; **2.** Historieta es un cómic; **3.** Redecilla es la red que se pone en la cabeza con rulos; **4.** Callejón es una calle sin salida; **5.** Camilla es usada en los hospitales para trasladar enfermos al quirófano; **6.** Guerrilla es un grupo armado que opera en la clandestinidad; **7.** El tamaño grande de la langosta y el pequeño del langostino en ambos mariscos; **8.** Salchichón es un embutido parecido al salami.

3 Informativos y noticiarios

En este epígrafe hablar del mundo de los medios informativos se aprovecha para exponer el tema de los errores sintácticos, léxicos y la pérdida de riqueza a la que se ve sometida el idioma. Los alumnos van a debatir sus opiniones sobre ello y colgarán sus conclusiones en el *Facebook* de la escuela, si hubiera, o en algún foro de lenguas.

3.1. Si a usted le gusta ver noticiarios en televisión, comience contándoselo a sus alumnos para plantear el tema del epígrafe. Después, presente la actividad 3.1. para que, en parejas, hablen sobre sus secciones preferidas en un informativo o en un periódico.

El Telediario es en España el programa informativo de mayor audiencia. El orden en el que se suceden las noticias es habitualmente: actualidad internacional o información nacional (dependiendo de la gravedad del asunto), economía, cultura, deportes y, finalmente, el parte meteorológico.

3.1.1. Actividad de comprensión lectora de titulares de noticias. Introduzca el tema hablando de la actualidad y preguntando a sus alumnos sobre las últimas noticias que hayan oído. Presente después los titulares aparecidos en la prensa española para que piensen a qué tipo de noticia hacen referencia.

Economía: 1 y 4; **Internacional:** 3 y 6; **Deportes:** 5; **Tiempo:** 7; **Otros:** 2.

3.1.2. Actividad para preparar la búsqueda de léxico de la actividad siguiente en la web del diccionario de la Real Academia de la Lengua Española (*www.rae.es*) y hacer conscientes a los aprendices de la información que aportan sus abreviaturas. Permita que completen los espacios en blanco en parejas.

conj.: conjunción; **intr.:** verbo intransitivo; **pron.:** pronombre; **s.:** sustantivo; **vulg.:** vulgar.

3.1.3. y **3.1.4**. En esta actividad los alumnos deben imaginar a qué noticia de las anteriores pertenece el léxico propuesto. Anime a que entre todos los miembros de clase se expliquen el vocabulario que conozcan unos y otros y que se repartan las palabras desconocidas para buscarlas en el diccionario y explicar su significado posteriormente al resto de compañeros. Después, deben decidir a cuál de las cuatro primeros titulares pertenecen las palabras. A continuación, ponga el audio de las dos primeras noticias para que comprueben sus hipótesis, y dé la solución del resto.

1. un almuerzo austero, inaugurar a bombo y platillo, estar en boca de medio mundo, luces y sombras; **2.** modestia y humildad, un dramático aumento, ser peor el remedio que la enfermedad, el estilo de crianza, ser superior al promedio; **3.** resultar ileso, disparar, hijastro; **4.** agravar la situación, la caída del consumo, reducir el empleo.

3.1.5. Competición sobre la audición anterior de las noticias correspondientes a los dos primeros titulares. Dependiendo del número de alumnos las preguntas las escribirán individualmente (si son menos de 5) o en parejas (si son más de 6). Dé ritmo para que las respuestas se hagan en menos de 5 segundos. Ganará quien más respuestas acierte: pueden comprobarlo proyectando o dando una copia de la transcripción del audio.

3.2. Actividad de comprensión lectora. Se proponen dos textos de los que solo leerán uno. Divida la clase en grupo A y en grupo B y haga que lean su texto correspondiente y discutan en su grupo su opinión sobre el contenido del mismo. Posteriormente, forme parejas con texto A y B: sin leerlo, deben contarse el contenido de cada uno. Finalmente, en grupo clase discutirán entre todos sus ideas acerca de los temas.

Lázaro Carreter (1923-2004) fue filólogo y director de la RAE de 1992 a 1998. Extractos de su famosa obra *El dardo en la palabra* fueron publicados en prensa a lo largo de una época y sentaron bases sobre la corrección y la necesidad de cuidar el estilo periodístico.

Juan José Millás (Valencia, 1946) es un famoso escritor y periodista español.

3.3. Actividad que plantea frecuentes errores del español cometidos en la lengua oral y escrita para hacer consciente al aprendiz de la importancia de documentarse correctamente a la hora de utilizar el lenguaje y no dejarse llevar por lo que oye.

1. *Queísmo*, omisión de la preposición *de*; **2.** *Dequeísmo*, uso de la preposición *de* sin necesidad; **3.** *delante de mí*: uso de posesivos con adverbios; **4.** Concordancia en las construcciones partitivas; **5.** Verbos impersonales concordados con el objeto directo; **6.** Sustitución del relativo *cuyo*; **7.** Omisión del artículo en sintagmas nominales donde resulta necesario; **8.** *dentro de...*: alteraciones en el uso de preposiciones y locuciones preposicionales.

3.3.1. Anime a los alumnos a pensar en sus errores más frecuentes a la hora de hablar y escribir español. Después del debate y a modo de ejemplo, escoja alguno de los problemas comunes y entre todos piensen en una regla que les ayude a evitarlos. Ponga a los estudiantes a trabajar en grupos para definir más estrategias para superar sus dificultades. Finalmente, abra la clase para que se cuenten unos grupos a otros sus conclusiones. Se podrían diseñar carteles en clase con advertencias que les recuerden cómo mejorar su lenguaje.

3.4. Actividad para desarrollar destrezas de modo integrado en el aula: los alumnos van a hablar, escucharse y escribir sobre el tema. Dibuje un mapa de España o de alguna región hispanohablante y pregunte cuántas lenguas oficiales hay: castellano, catalán, gallego y euskera o vasco, en el caso del primero. Hable de las variedades dialectales y anime a los estudiantes a que expliquen cómo es esta realidad en sus países. Si el grupo es numeroso, divida la clase en grupos de distintas nacionalidades si las hubiera (o regiones), para incrementar su tiempo de habla. Entregue el cuadro de la actividad para que lo completen y piensen en otras ideas para debatir argumentos a favor o en contra de diferentes situaciones lingüísticas.

3.4.1. Actividad opcional. Divida la clase en dos grupos: unos, van a escribir un texto exponiendo sus opiniones anteriores que colgarán en un blog de clase o en el *Facebook* de la escuela si hubiera. El otro, buscará un foro de estudiantes de español (ver en *www.cvc.cervantes.es*) para comentar en él sus opiniones. Si el acceso a Internet en su escuela es limitado, siempre existe la posibilidad de que hagan un cartel con sus ideas y conclusiones para colgar en algún panel del centro y buscar respuestas de estudiantes de otras clases.

4 Amplía tu competencia lingüística

En esta unidad, en el último epígrafe, los estudiantes ampliarán sus conocimientos sobre algunos rasgos fonéticos y morfológicos del español de América, así como sobre las diferencias léxicas existentes en los países que integran el territorio hispanohablante.

4.1. En esta actividad se ofrece un titular que recoge el léxico propio del habla coloquial de España (*currar* y *pijo*, aclarados en el epígrafe 2), junto a otros términos hispanos (*guira*, *cerveza*) y otros propios del espanglish (*lanchear*, de *lunch*). Fomente después de su lectura que los alumnos comenten las diferencias que conozcan en el español de los distintos países latinos antes de pasar a la siguiente actividad donde ampliarán esta información.

4.1.1. Para motivar la lectura del texto que se entregará, haga que previamente respondan a las preguntas de la actividad y discutan sobre ello. Después, recorte el texto de la ficha 9, péguelo por las paredes de la clase e invite a los estudiantes a ponerse de pie para leerlo y buscar la solución a las cuestiones iniciales.

 Ficha 9. *Después de currar, una guira.*

1. El de España; **2.** Del andaluz en el Caribe, el habla de los indios quechuas en la Cordillera de los Andes, el guaraní en Paraguay, de italianos y franceses en Argentina y del espanglish en México; **3.** Caña (cerveza tirada en grifo), chela, guira; **4.** Laburar, currar, ir a la pincha y a la chamba (colq.).

4.2. Actividad de completar huecos para profundizar en otros rasgos y diferencias propias del español de América. Podría motivarlo con cualquier canción que crea que puede gustar a sus alumnos de un país hispano que encontrará sin dificultad en Internet para que los alumnos se fijen especialmente en las diferencias de pronunciación respecto a la variedad de español que aprendan en clase (la confusión *r* y *l* es propia del habla del Caribe).

1. seseo; **2.** yeísmo; **3.** aspiración o pérdida de la −*s* final; **4.** Confusión mutua de *r* y *l*; **5.** aspiración de la *h-* inicial.

4.3. Presentación de nuevo léxico propio de diferentes países que deben relacionar con la palabra usada en España. Podrían, posteriormente, buscar de qué país es propia cada una y añadir alguna más a las ya aprendidas.

1. i; **2.** h; **3.** a; **4.** d; **5.** c; **6.** k; **7.** g; **8.** j; **9.** f; **10.** b; **11.** e.

El tiempo pasa

La temática de esta unidad viene determinada por dos materias que suelen aparecer muy ligadas: la política y la historia. El contenido lingüístico elegido para el epígrafe final son los diferentes usos del presente de indicativo.

1 Frases que han hecho historia

Este epígrafe está dedicado a la política y a personajes que han dejado una impronta en la historia. Se trabaja con el léxico político y se introducen las frases concesivas de estructura reduplicada.

1.1. y 1.1.1. Para introducir el tema escriba la palabra *política* en el centro de la pizarra y pida a sus estudiantes que escriban otras que relacionen con esta a su alrededor. Después, haga una puesta en común en la que expliquen por qué establecen esa relación entre las palabras que ellos han elegido y *política*.

1.1.2. La primera tarea de esta unidad es crear un diccionario de términos políticos. La mejor manera de comenzarlo es definiendo qué significa *política*. Para ello pida a sus alumnos que lean la cita de Groucho Marx y coméntela con ellos. Después, anímelos a que escriban ellos su propia definición. Reserve los resultados para la actividad 1.4.1.

1.2. Las muestras de lengua que se han elegido para introducir el léxico relacionado con política son citas de personajes famosos. Pida a sus alumnos que las lean y que elijan las dos que más se identifiquen con sus creencias. Ahora no es importante que se detengan en los fragmentos resaltados.

1.2.1. Fijación del vocabulario relacionado con política y gobierno. Anime a sus estudiantes a que lo lean y que se expliquen entre ellos todo lo que puedan. También les puede servir fijarse en las palabras resaltadas en 1.2. Invítelos a tomar nota de lo que consideren necesario para fijar los conceptos.

1.3. Actividad de desarrollo de la interacción oral en la que se incluye también el léxico presentado en la actividad anterior. Fotocopie el tablero de la ficha 10 y reparta fichas de colores diferentes a cada alumno. Siga la misma dinámica que se utiliza para el popular juego de la oca: el estudiante tira el dado y avanza tantas casillas como el número que ha sacado. Las casillas 6, 12 y 18 tienen una interrogación que significa que los compañeros le harán una pregunta al alumno que caiga en ellas. En las casillas 13 y 21, que se refieren al léxico, anime a que expliquen los significados.

 Ficha 10. Experiencias políticas.

I.4. y **I.4.I.** Primera tarea de la unidad. Pida a sus alumnos que repasen las actividades realizadas hasta el momento y que elijan y definan un término relacionado con la política. Cuando ya estén todos, haga una puesta en común para seleccionar aquellas definiciones que les resulten más interesantes; con ellas crearán su diccionario de términos políticos. Pueden hacerlo en el formato que quieran (archivador con fichas, formato libro, listado...), pero le recomendamos que haya un resultado físico. Es el momento de recuperar las definiciones que hicieron en 1.1.2. para empezar su diccionario con el vocablo *política*.

I.5. Actividad que tiene como objetivo contextualizar la comprensión auditiva que oirán después los alumnos. Para realizar este trabajo de preescucha, llame la atención sobre la cita de Francis Bacon y ayúdelos a pensar en el tema de la misma, que es igual que el de los textos auditivos posteriores.

La corrupción política.

I.5.I. Informe de que van a escuchar tres artículos de opinión extraídos de una radio española y que todos aluden al mismo tema: la corrupción política. Dígales que deben relacionar los resúmenes de su libro con los textos que oigan poniendo el número que los identifica en la grabación.

3, 1, 2.

I.5.2. Deje a sus alumnos que piensen en las preguntas que se proponen en su libro. Pasee por la clase por si necesitan su ayuda, por ejemplo aportando más ideas sobre el tema. Realice una puesta en común para trabajar la interacción oral y anime a los estudiantes a que añadan la información que ellos tengan sobre el tema de corrupción política o den su opinión.

I.6. Comienza aquí la secuencia en la que se presentará el contenido gramatical del epígrafe: las oraciones concesivas con estructura reduplicada. Proyecte la transparencia 1 y anime al alumnado a que comenten la importancia de estos personajes en la historia. Si no conocen alguno, tranquilícelos y apóyese en el dato que hay debajo de cada firma.

Transparencia 1. *Personajes.*

I.6.I. Recorte las tarjetas de la ficha 11 y repártalas entre los alumnos. Pídales que relacionen el acontecimiento histórico que hay en ellas con la firma de la transparencia que lo selló. Dígales que se levanten y que peguen la tarjeta junto a la imagen de la firma correspondiente.

1. Helmut Kohl; **2.** Galieo Galilei; **3.** Marie Curie; **4.** Juan XXIII; **5.** Abraham Lincoln; **6.** Indira Gandhi; **7.** Mijail Gorbachov; **8.** Leonardo da Vinci; **9.** Louis Pasteur; **10.** Felipe González; **11.** Mata Hari; **12.** Winston Churchill.

Ficha 11. *Personajes y acontecimientos.*

I.6.2. Actividad que proporciona los modelos de lengua del contenido gramatical. Informe a sus alumnos de que tienen que imaginar cuál de los personajes anteriores podría haber dicho cada una de esas frases. Adviértales de que las frases no son reales.

1. Felipe González; **2.** Indira Gandhi; **3.** Helmut Kohl; **4.** Winston Churchill; **5.** Mijail Gorbachov; **6.** Galieo Galilei; **7.** Abraham Lincoln; **8.** Leonardo da Vinci; **9.** Marie Curie;

10. Louis Pasteur; **11.** Mata Hari; **12.** Juan XXIII.

I.6.3. Sistematización de las oraciones concesivas con estructuras reduplicadas. Observando las frases de la actividad anterior anime a los estudiantes a que completen las explicaciones. Llame la atención sobre la información del megáfono y resuelva las posibles dudas que tengan.

1. subjuntivo; **2.** relativo; **3.** subjuntivo; **4.** subjuntivo + *o*; **5.** *Si*; **6.** *que* + subjuntivo.

I.7. y **I.7.I.** Práctica de lenguaje de las estructuras reduplicadas que servirá también para dar modelos textuales para la siguiente actividad. Diga a sus alumnos que, de manera individual, lean las frases y que piensen quién las podría haber dicho marcando la opción que crean más acertada. Cuando terminen, divida la clase en tríos y pídales que comparen sus elecciones y expliquen por qué las han elegido.

Solo la frase 1 tiene una solución cerrada, ya que es una cita del cantante Elvis Presley.

I.7.2. Mantenga la clase divida en tríos e infórmelos de que tienen que escribir dos frases concesivas de estructura reduplicada. Anímelos a que antes de escribir, piensen en un contexto y un emisor. Haga una puesta en común en clase abierta leyendo las frases producidas y pida a los que escuchan que imaginen el contexto y el emisor. Después, compare la idea inicial de los que han escrito cada frase con la idea de los que escuchan para ver si coinciden o no.

I.8. Las actividades precedentes ofrecen ideas suficientes sobre citas para que los alumnos elaboren ahora las suyas propias y las recojan en un documento (libro de citas).

2 De las dictaduras a la democracia

El marco temático de este epígrafe es la historia reciente de Hispanoamérica y se anticipa algo sobre España, que se tratará en el siguiente. Se presentan las oraciones adverbiales temporales en pasado.

2.I. y **2.I.I.** Comprensión lectora con el contenido cultural de la historia de Hispanoamérica y España de finales del siglo XX y principios del XXI. Divida la clase en parejas para que marquen en la columna de la izquierda si creen que esas afirmaciones son verdaderas o falsas, así activará el conocimiento previo de los alumnos al mismo tiempo que despertará su interés sobre la lectura. Una vez que lo hayan discutido, pídales que lean el texto para marcar ahora la columna de la derecha y compararla con la de la izquierda.

1. V; **2.** F; **3.** F; **4.** V; **5.** F; **6.** V; **7.** F.

2.2. En esta actividad se presentan los principales líderes políticos de España e Hispanoamérica del siglo XX. Pregúnteles si conocen a esos personajes e invítelos a compartir la información que tengan con sus compañeros. A continuación, pídales que los clasifiquen en los cuatro grupos que hay en sus libros (dictaduras, transición española, revolución cubana y revolución mexicana).

1. Francisco Franco, Augusto Pinochet, Fidel Castro, Porfirio Díaz, Fulgencio Batista;
2. Juan Carlos I, Adolfo Suárez; **3.** Ernesto Guevara, Fulgencio Batista, Fidel Castro;
4. Francisco Ignacio Madero, Pancho Villa, Emiliano Zapata, Porfirio Díaz.

2.2.I. Señale la descripción de los líderes anteriores y diga a sus alumnos que la relacionen con sus nombres. Rebaje el posible nivel de ansiedad del alumnado si ve que no tienen muchos conocimientos o interés sobre el tema.

1. Augusto Pinochet; **2.** Porfirio Díaz; **3.** Fulgencio Batista; **4.** Pancho Villa; **5.** Juan Carlos I; **6.** Francisco I. Madero; **7.** Adolfo Suárez; **8.** Ernesto Che Guevara; **9.** Fidel Castro; **10.** Francisco Franco; **11.** Emiliano Zapata.

2.3. Diga a sus estudiantes que lean la explicación sobre las oraciones temporales y resuelva sus posibles dudas.

2.3.I. Pida a sus estudiantes que unan las ideas que aparecen en la actividad creando frases temporales que respeten el orden cronológico de los hechos. Haga un ejemplo con ellos y adviértales que hay varias opciones.

2.4. Tarea para comparar la historia reciente de los países de la clase. Pregúnteles si su país ha sufrido también algún periodo de represión y dígales que, basándose en las ideas aportadas en el epígrafe, hablen sobre su nación.

Actividad extra. Si sus alumnos demuestran interés en la historia de Hispanoamérica, le ofrecemos una actividad de comprensión lectora sobre las guerrillas. Fotocopie la ficha 12 en sus tres variantes, divida la clase en tres grupos (A, B y C) y dé a cada uno el modelo identificado con su letra. Para contextualizar el tema realice la actividad de rellenar huecos. Luego, déjelos que lean los textos en su grupo y que resuelvan entre ellos las dudas que tengan. Cuando terminen, haga nuevos grupos de tres alumnos como mínimo, de tal manera que haya por lo menos un representante de cada letra en cada uno. Pídales que compartan la información que han leído con sus compañeros.

1. armados; **2.** revolucionaria; **3.** injusticias; **4.** despreciadas; **5.** pública; **6.** disolvieron.

 Ficha 12 (A, B y C). *Las guerrillas hispanoamericanas.*

3 Historia de España

En el epígrafe anterior se daban algunas pinceladas sobre la historia contemporánea de España y en este se amplía la información cogiendo como época principal la transición. Con este periodo se introducen las estructuras pasivas.

3.I. y **3.I.I.** En esta actividad se introduce el contenido cultural de la idea de las dos Españas. Se utiliza, fragmentado en pares de versos, el poema de Antonio Machado que trata de ese tema. Pídales a sus estudiantes que intenten ordenarlo y después haga que comprueben con la proyección del original que tiene en la transparencia 2. A continuación, pregúnteles si podrían determinar el tema del poema y anímelos a que cuenten lo que sepan sobre ello.

Las dos Españas.

 **Transparencia 2.** *Antonio Machado.*

Las dos Españas es un concepto que refleja la división de la sociedad española a lo largo de los siglos XIX y XX. El concepto se acuñó durante la Guerra de Independencia (1808-1814) y se reforzó en la Guerra Civil (1936-1939) con los enfrentamientos de los dos bandos que representan a esas dos Españas antagónicas.

A muy grandes rasgos podemos definir las dos Españas así:

- Una España conservadora, con ideología nacional y católica. Sus representantes principales son la iglesia y la aristocracia. En la Guerra Civil era defendida por el bando nacional.
- Otra España liberal que se vinculaba a las ideas de la Francia revolucionaria. Defiende regímenes constitucionales, la separación de poderes y el laicismo. En la Guerra Civil estuvo encarnada en el bando republicano.

3.2. Esta actividad tiene un doble objetivo: por una parte, aporta las muestras de lengua de estructuras pasivas, y por otra introduce el contenido cultural de la transición española. Motive la actividad dotándola de carácter de competición. Pida a sus estudiantes que contesten el test y lo pongan en común para ver quién ha tenido más aciertos.

1. La muerte del dictador Francisco Franco; **2.** en abril de 1977; **3.** El 15 de junio de 1977; **4.** UCD con Adolfo Suárez; **5.** un grupo de siete políticos de diferentes tendencias ideológicas. **6.** El 6 de diciembre; **7.** septiembre de 1977; **8.** El Congreso fue asaltado por un grupo de militares que intentaron dar un golpe de estado; **9.** El trabajo de las mujeres fuera de casa estaba prohibido; **10.** Portugal.

3.2.1. Sistematización de las construcciones pasivas. Anime a sus alumnos a que completen los espacios observando los fragmentos en negrita del test de la actividad anterior.

1. *Ser* + participio; **2.** *Se* + verbo en tercera; **3.** *Estar* + participio; **4.** Sustantivo (OD) + pronombre de OD + verbo.

3.3. y **3.3.1.** Comprensión auditiva que dará paso a una práctica de lenguaje. Motive la audición con las imágenes de Madrid que tienen en su libro. Pregúnteles si conocen esa ciudad y qué saben de ella. Dígales que van a escuchar algo sobre la historia de Madrid y que deben responder a las ocho preguntas que tienen.

1. Felipe III; **2.** Madrid medieval, de los Austrias, de los Borbones y romántico; **3.** La Plaza de la Villa y la Calle Mayor; **4.** La Plaza Mayor; **5.** El edificio del Ministerio de Asuntos Exteriores; **6.** El reloj más famoso de España; **7.** De un antiguo alcázar; **8.** El Palacio del Congreso.

3.3.2. Práctica de lenguaje de la pasiva. Empareje a sus alumnos y dígales que escriban un texto sobre la historia de Madrid utilizando los datos de las preguntas y respuestas de la actividad anterior. Anímelos a usar diferentes tipos de construcciones pasivas.

3.4. Práctica de lenguaje de corregir errores. Agrupe a los alumnos en tríos e invítelos a discutir sobre si las frases son correctas o no y por qué.

3.4.1. Realice una subasta de frases con las de la actividad anterior. "Entregue" a cada trío 500 euros para poder pujar. Dígales que al igual que en la subasta de obras de arte, aquí tenemos también falsificaciones, que ellos ya han identificado. Informe a los alumnos de que tienen que comprar el mayor número de frases (correctas o incorrectas) posible con su dinero. Lo importante es saber si compran una frase correcta o incorrecta. Inicie la subasta con un precio de salida de 50 euros para la primera frase y deje que suban las pujas hasta adjudicársela al grupo que esté dispuesto a ofrecer más. Repita la operación con el resto de frases. Cuando ya hayan subastado todas, pida que el grupo que ha comprado cada una explique si ha adquirido una frase correcta o incorrecta y por qué. Si aciertan, deles un punto. Al final haga recuento de puntos para proclamar un ganador.

1. C; **2.** I, estuvo prohibido; **3.** I, los hizo el gobierno; **4.** C; **5.** I, fue ratificada por los españoles; **6.** C; **7.** I, lo construyeron los presos republicanos; **8.** I, fue secuestrado.

3.5. **Actividad opcional** que puede hacer si tiene alumnos interesados en la economía y las finanzas. Fotocopie la ficha 13A y 13B y reparta un modelo de manera alternativa entre sus estudiantes. El objetivo de esta actividad es el léxico relacionado con la crisis financiera y se realiza con la tipología de vacío de información. Forme parejas, un A con un B, y dígales que se pregunten por el vocabulario que no entiendan y que se lo expliquen.

 Ficha 13 (A y B). *La crisis financiera.*

3.5.I. Indique a sus alumnos que deben completar el texto escrito por Felipe González y titulado *Crisis y prioridades* con las palabras de la actividad anterior. Adviértalos de que en los casos en que tienen el verbo conjugado entre paréntesis deben utilizar esa forma.

1. países emergentes; **2.** eludió; **3.** se desplomaron; **4.** ajuste; **5.** contagio; **6.** sacudida; **7.** encarecimiento; **8.** agravarán; **9.** especulativas; **10.** repercusiones; **11.** ahorro público; **12.** bonanza; **13.** desaceleración; **14.** morosidad; **15.** priorizar; **16.** financiación; **17.** incrementos; **18.** caída del empleo.

3.6. y **3.6.I.** Tarea para decidir los hechos que han tenido una mayor influencia en la historia de un país. Déjeles unos minutos para que piensen y tomen nota sobre acontecimientos que han podido cambiar el camino de una nación. Haga una puesta en común para decidir cuáles son los más influyentes y con mayor impacto.

4 Amplía tu competencia lingüística

Este epígrafe se dedica en esta ocasión al contenido lingüístico de los usos del presente de indicativo.

4.I. Muestre los dibujos de situaciones que tienen los alumnos en el libro y pregúnteles quién puede estar diciendo la primera frase (*Ahora vivo en Sevilla*). Cuando le respondan que una de las personas del dibujo B, pídales que continúen relacionando.

1. B; **2.** E; **3.** C; **4.** A; **5.** F; **6.** G; **7.** D.

4.I.I. Haga reflexionar a sus alumnos sobre los usos que tiene el presente en las frases anteriores y dígales que escriban el número de la oración que sirve como ejemplo para cada uno de los usos sistematizados en el cuadro.

1. Presente actual; **2.** Presente histórico; **3.** Presente atemporal; **4.** Presente con valor futuro a); **5.** Presente con valor futuro c); **6.** Presente con valor futuro b); **7.** Presente habitual.

4.2. Recorte las fotos de la ficha 14 y entregue una a cada pareja. Hágales reflexionar sobre lo que les sugiere. Pídales que escriban un pequeño texto haciendo uso de uno de los valores del presente.

 Ficha 14. *Presente.*

4.2.1. Proyecte las imágenes de la transparencia 3, que son las mismas que usted ha repartido entre los alumnos. Intercambie las parejas y pídales que se lean sus textos para adivinar qué foto les ha correspondido y qué uso del presente han utilizado.

 **Transparencia 3.** *Presente.*

Última etapa

En esta unidad, la última de la Etapa, se ofrece al estudiante la oportunidad de hacer uso de sus estrategias y destrezas necesarias que le permitan resolver con éxito diferentes situaciones de comunicación. En los dos primeros epígrafes se presenta una secuencia de integración de destrezas, con algunas tareas y actividades típicas de los exámenes DELE. En el tercer epígrafe se anima al estudiante a reflexionar sobre su nivel y a hacer su portfolio.

1 En busca de la identidad

Este epígrafe está dedicado a la política y a personajes que han dejado una impronta en la historia. Se trabaja con el léxico político y se introducen las frases concesivas de estructura reduplicada.

1.1. La actividad introduce el tema de la secuencia: la importancia de pertenecer a un grupo. Pida a los alumnos que lean la cita y miren la imagen.

1.2. Haga la actividad en grupo clase, como motivación y creación del interés hacia la siguiente tarea. En el caso de que ningún estudiante sepa la respuesta a la pregunta formulada en su libro, pase al siguiente ejercicio.

1.2.1. Pídales que, en este momento, se fijen solamente en la estructura de los estamentos porque en la actividad posterior trabajarán con el significado de algunos grupos sociales. Motive a la clase para que comenten todo lo que les sugiera la organización que muestran las pirámides, despierte su interés por el tema y trate de hacer una pequeña interacción oral; si lo cree más conveniente, haga la actividad en grupos pequeños en lugar de en clase abierta.

1.2.2. Ponga a los estudiantes en parejas. Pídales que se fijen en la pirámide de la Edad Moderna para contestar a la pregunta de vocabulario. Anímelos a que no usen el diccionario, sino a que deduzcan o infieran el significado, ayudados por la definición y el lugar que ocupa la palabra en la imagen.

1. f; **2.** c; **3.** b; **4.** e; **5.** a; **6.** d.

1.2.3. Termine esta secuencia animando a los alumnos a que en tríos o grupos de cuatro, dibujen lo que podría ser la pirámide social actual, según su opinión. Haga una pequeña lluvia de ideas con la clase para que se ayuden unos a otros, pero si piensa que los alumnos necesitan más guía, proyecte la imagen de la transparencia 4 y pídales que la completen con las profesiones u ocupaciones. Insista en que el dibujo es libre y reflejará sus ideas.

 **Transparencia 4.** *Pirámide social del siglo XXI.*

1.2.4. Haga una puesta en común y anime a los estudiantes a que presenten su organización social, la justifiquen y la argumenten.

I.3. Actividad de comprensión lectora. Introduzca y motive el texto con la pregunta que aparece como título. Deje que los alumnos hablen y den sus opiniones y cuando lo crea conveniente anímelos a que lo lean para ver si coinciden con sus respuestas. Pídales que, en parejas, completen los nueve espacios con la forma correcta de las opciones que se les ofrece. Adviértales que ahora no deben preocuparse por los otros huecos, ya que esta tarea pertenece a la siguiente actividad.

1. sea; **2.** donde; **3.** entienda; **4.** lugar; **5.** se basa; **6.** tales como; **7.** se corresponden; **8.** influyente; **9.** desde hace.

I.3.I. Una vez que haya corregido la actividad anterior, pida a los alumnos que en parejas, completen los siguientes espacios relativos a los beneficios de pertenecer a un grupo, según su opinión. Llame su atención sobre el número 1, que ya tienen solucionado (supervivencia) para que les sirva de modelo.

I.3.2. Motive a los alumnos para que escuchen parte del texto anterior y comparen sus respuestas con las originales. Pídales que tomen nota de las palabras que ellos consideran clave para posteriormente poder apoyarse en ellas y parafrasear los párrafos.

I.4. Siguiendo con la idea de la necesidad de pertenecer a un grupo, esta actividad inicia una secuencia en la que se habla de tribu o grupo urbano para presentar léxico relacionado con la imagen y la apariencia física. Llame la atención de los alumnos hacia la imagen. Trate de dirigir la interacción oral hacia la respuesta de la pregunta que se plantea en el libro: tribu o grupo urbano. Pregúnteles si conocen a esos grupos y qué saben de ellos (música, apariencia física, ideología…). Esta actividad les preparará para la siguiente. Pueden también hablar sobre las razones por las que las personas sienten la necesidad de pertenecer a una tribu urbana: qué puede aportarles.

I.4.I. Centre ahora la atención hacia los grupos que aparecen en la actividad y pídales que en grupos pequeños traten, si no los conocen, de hablar sobre los aspectos que se les señalan a partir de la información que les da la imagen.

I.4.2. Contextualice el vocabulario explicándoles que pertenece a los textos que van a leer sobre las anteriores tribus urbanas. Sondee el conocimiento de los alumnos pidiéndoles que resuelvan la actividad.

1. pelo engominado; **2.** flequillo a la cara; **3.** muñequera; **4.** chapas; **5.** brazalete con pinchos; **6.** cadena; **7.** medias de rejilla; **8.** sudadera con capucha; **9.** calzoncillo a la vista; **10.** zapatilla estilo *Converse*; **11.** pantalones tipo pitillo.

I.4.3. Motive la lectura de los textos sobre las tribus urbanas proponiéndoles una competición o concurso. Divida a la clase en grupos de cuatro o cinco personas, pídales que lean primero las frases del cuestionario y explíqueles que deben contestar si las frases son verdaderas o falsas argumentando y justificando su respuesta. Insista en que solo se dará como válida la respuesta, si está suficientemente demostrada. Póngales un ejemplo de los que aparecen en la clave para mostrarles más claramente lo que se les está pidiendo. Haga fotocopias de los textos de la ficha 15 y entregue una copia a cada grupo.

Ficha 15. *Tribus urbanas.*

1. Falso, en el texto no se habla sobre ello. Son los emos; **2.** Falso. Su origen es en los años 80, pero existen en la actualidad, son nuevos emos y son adolescentes; **3.** Falso. Son más positivos que los emos, pero no significa que sean activos. Además es un grupo basado más en la estética; **4.** Falso. Es lo contrario: lo llevan pegado a la cara; **5.** Falso, es a los emos y pokemones; **6.** Falso. Llevan los pantalones ajustados, pero las camisetas no, y usan colores llamativos; **7.** Verdadero; **8.** Verdadero; **9.** Verdadero; **10.** Falso. Son los góticos, los emos son arreligiosos; **11.** Falso. Tienen sus grupos propios aunque a algunos le gusta también otras músicas como el *punk* o el *heavy*.

I.4.4. **Actividad opcional**. Pida a sus alumnos que se agrupen por intereses para elegir uno de los grupos que aparecen en 1.4. Invítelos a buscar información sobre él para hacer una exposición en clase.

2 | En busca de la felicidad

El tema que vertebra todas las actividades de este epígrafe es el de la felicidad. El objetivo es enfrentar al estudiante a algunas actividades propias de exámenes DELE B2. Se presta especial atención al desarrollo de destrezas integradas que deberán ejercitar en las pruebas de expresión e interacción orales y escritas, así como en las de comprensión lectora y auditiva.

2.1. Actividad introductoria al tema del epígrafe. Dibuje en la pizarra algunas cosas que le hagan feliz y anime a sus estudiantes a adivinar de qué se trata y a que le hagan preguntas de por qué le gustan, etc. Después, invítelos a dibujar ellos en el espacio de la actividad. Si encontrara algún estudiante un poco reacio a ello (siempre puede haber alguien que piense que dibuja mal), dígale que puede sustituir el dibujo por palabras. A continuación, póngalos en parejas para adivinar la información del compañero: deben buscar si existe algún elemento común entre ellos que les proporciona felicidad y compartir con el resto de la clase sus averiguaciones.

2.1.1. Actividad de interacción oral. Si el grupo de estudiantes no es muy numeroso, pueden expresar sus opiniones en clase abierta, si no, mejor formar grupos de seis para favorecer el tiempo de habla de los alumnos. Mientras, paséese por la clase tomando notas de los errores que oiga para corregirlos al final de todas las intervenciones.

2.1.2. Recorte la ficha 16 y reparta un fragmento a cada estudiante. Deje unos minutos para que lo lean y lo entiendan. Después, deben contar la información aprendida al resto de sus compañeros. Es importante que no lo lean, sino que lo expliquen con sus palabras para facilitar la comprensión. Si dos estudiantes tienen la misma ficha (dependerá de si tiene que duplicarlas), pueden resumir la información leída juntos (de forma oral) antes de contársela al resto.

 Ficha 16 (A y B). *Claves de la felicidad.*

2.2. Actividad de comprensión auditiva donde se completa una tarea de selección múltiple propia del DELE. Puede contextualizar el audio preguntando a sus estudiantes si creen que los animales son felices o no y abriendo un pequeño debate sobre ello. En esta ocasión, a diferencia de otros audios trabajados en Etapas, ponga el audio dos veces seguidas y deje unos minutos al final de la segunda escucha para que completen la tarea. Corríjalo al final escribiendo las soluciones en la pizarra con ayuda de sus alumnos.

1. b; **2.** c; **3.** c; **4.** c.

2.3. y **2.3.1.** Una de las pruebas de expresión e interacción oral del DELE consiste en una conversación de modo informal a partir de un gráfico (duración: 2-3 minutos). En otra de las pruebas de expresión e interacción escritas del DELE redactan un texto en el que se argumenta, valora u opina (extensión: 150-180 palabras) a partir de un gráfico dado. Reparta un folio a cada alumno para la redacción y deje unos 20 minutos para ello. Sería interesante que los alumnos se repartan los textos y los corrijan por grupos teniendo en cuenta los descriptores del DELE para la corrección de la expresión e interacción escritas.

La pirámide de Maslow, o jerarquía de las necesidades humanas, es una teoría psicológica propuesta por Abraham Maslow en su obra: *Una teoría sobre la motivación humana* (en inglés, *A Theory of Human Motivation*) de 1943, que posteriormente amplió. Maslow formula en su teoría una jerarquía de necesidades humanas y defiende que conforme se satisfacen las necesidades más básicas (parte inferior de la pirámide), los seres humanos desarrollan necesidades y deseos más elevados (parte superior de la pirámide).

2.4. Actividad para fomentar la interacción oral y el conocimiento entre los estudiantes. Organice la clase en parejas para que se hagan el test: cada alumno hace las preguntas de su columna al otro. Anímelos a hablar y a preguntarse más cosas relacionadas con las cuestiones. Es deseable que arranquen la actividad haciéndole a usted alguna de las preguntas, si usted responde con naturalidad está marcando un modelo que sus aprendices seguirán sin problema.

2.4.1. Actividad comunicativa de la lengua. Objetivo: desarrollo de la expresión escrita. Ponga música relajada y anime a sus estudiantes a cerrar los ojos durante unos segundos para pensar en algún momento de su vida en el que se sintieron muy felices. A continuación deben abrir los ojos para comenzar a escribir respondiendo a las preguntas que les irá lanzando usted poco a poco con voz suave mientras la música sigue sonando baja: *¿Dónde estabas en ese momento?*, *¿Con quién?*, *¿Qué día hacía?*, *¿Qué pasó?*, *¿Qué más recuerdos vienen a tu cabeza?…* Deje tiempo entre pregunta y pregunta para que sigan escribiendo. Advierta de que vamos a ir terminando de escribir. El texto concluirá con las preguntas: *¿Cómo te sientes al rememorarlo?*, *¿Te ha gustado hacer esta actividad?*, *¿Por qué?* Permita que revisen durante unos minutos el texto antes de proceder a su corrección, si dispone de tiempo se pueden intercambiar los textos entre ellos para corregirlos, si no, llévelos a casa y corríjalos usted de la forma habitual.

2.5. Exposición a una de las pruebas de comprensión de lectura del DELE que consiste en identificar estructuras gramaticales o léxicas para completar un texto extenso complejo. Motive la actividad escribiendo PFB en la pizarra y preguntando: *¿Qué creéis que pueden significar estas siglas?* Una vez aclarado (*Producto de Felicidad Bruta*), explique que van a leer una noticia que habla de ello y que deben seleccionar la opción correcta a/b/c.

1. b; **2.** b; **3.** a; **4.** b; **5.** c; **6.** a; **7.** c; **8.** c; **9.** c; **10.** b; **11.** b; **12.** b.

2.6. y **2.6.1.** Primero, divida la clase en parejas y reparta una frase a cada una: tienen que escribir unas preguntas relacionadas con esta frase que harían a su compañero. Después, todos vuelven a su frase elegida y toman nota durante cinco minutos de lo que van a decir sobre ello ante su compañero. A continuación forme tríos: el primero, interactúa con el estudiante y el segundo controla los descriptores para la corrección de la expresión e interacción oral. Deben simular que están en el examen. En la ficha 17 tienen un fragmento del cuadro 3 del MCER sobre los aspectos cualitativos del uso de la lengua hablada. Reparta una a cada supuesto examinador que observa e indíqueles que tienen que marcar la descripción que piensen que más se corresponde con la actuación del candidato en cada uno de los apartados (alcance, corrección, etc.). En cada fila, cada celda pertenece a la descripción del nivel B1, B2 o C1, pero no están por orden, por tanto los estudiantes la elegirán sin esa información. Cuando terminen proyecte la transparencia 5, en la que el cuadro está ordenado por niveles, para que comprueben cuál es el que le han asignado en cada caso (B1, B2 o C1) a su compañero. Sería maravilloso que pudieran grabarlo en vídeo para poder realizar la corrección de la actividad viéndolo y comentando entre todos los puntos a mejorar en la interacción.

1. exterior; **2.** a pesar de; **3.** necesito; **4.** conducta; **5.** exceso; **6.** querer; **7.** descuidemos; **8.** corazón.

Ficha 17. *MCER: aspectos cualitativos de la lengua hablada.*

Transparencia 5. *MCER: aspectos cualitativos de la lengua hablada.*

2.7. **Actividad opcional.** Elaboración de un decálogo con ideas para ser feliz en las que recogerán lo aprendido en el epígrafe y al que pueden añadir otras de cosecha propia. Para activar la participación debe organizar la clase en grupos de seis: reparta una cartulina por grupo para que realicen su decálogo en ella (primero, siempre trabajo en borrador). Al final, cada grupo presentará a los demás su trabajo, anímelos a que se escuchen dirigiendo su atención hacia los puntos en común que aparecen en todos los trabajos o lo que les haya llamado la atención de los demás. Si cuentan con un *Facebook* grupal, blog... pueden colgar allí los resultados. En los años 80 hubo una famosa canción española que decía: *Yo, para ser feliz, quiero un camión* del grupo Loquillo y Los Trogloditas. Podría usarla en la contextualización de la actividad: ¿Pondrían ellos esto en su decálogo?

2.8. Recital de poesía. Actividad para trabajar aspectos de pronunciación. Divida la clase en tres grupos, cada uno de los cuales debe memorizar su parte correspondiente del poema de Pablo Neruda (pueden a su vez repartirse los versos para agilizar la memorización). Es importante dejarles tiempo para practicar la entonación antes de proceder al recital del poema en su totalidad. Pásese por los grupos corrigiendo cuanto haga falta para ello. Cuando estén listos, los estudiantes van poniéndose de pie a medida que recitan su parte. Al finalizar, invite a sus alumnos a imaginar el título del poema.

Oda al día feliz.

Actividad extra: si a sus estudiantes les gusta trabajar con canciones en clase, anímelos, como parte de sus deberes, a buscar en *YouTube* alguna canción en español sobre la felicidad y a presentarla a la clase. Podrían hacerlo en grupos si disponen de tiempo para reunirse o individualmente.

3 Evalúa tus competencias

En este epígrafe se trata de que el alumno reflexione sobre su nivel de competencia comunicativa en español. Para ello nos apoyamos en dos de los documentos europeos de política lingüística más conocidos: el MCER (*Marco común europeo de referencia*) y el PEL (*Portfolio europeo de las lenguas*).

3.1. y 3.1.1. Con esta actividad los alumnos recuerdan sus conocimientos y experiencias relacionados con la evaluación. Pídales que se hagan esas preguntan entre ellos de pie y anímelos a que indaguen sobre algunos detalles extras. Dígales que tomen nota en la columna "Más información". Cuando terminen, realice una puesta en común sobre lo que han averiguado.

3.2. Cuadro de autoevaluación por competencias correspondiente al nivel B2 extraído del MCER. Dígales a sus alumnos que lo completen identificando a qué tipo de actividad de las que encabezan esta tarea corresponde cada párrafo. Adviértales de que la columna derecha ahora no es importante.

1. Comprensión auditiva; **2.** Comprensión de lectura; **3.** Interacción oral; **4.** Expresión oral; **5.** Expresión escrita.

3.2.1. Haga evocar a sus estudiantes sus experiencias con la lengua española y reflexionar sobre cómo se refleja en su vida ese nivel B2 para cada una de las actividades comunicativas del cuadro. El ejemplo de la comprensión auditiva les puede ayudar para pensar si ellos hacen realmente actividades en su vida cotidiana que demuestren el nivel B2.

3.3. Proponga a sus alumnos hacer o actualizar su *Portfolio europeo de las lenguas*. Sírvase del texto para recordarles en qué consiste y qué apartados tiene. En varias Etapas ya se ha hablado de este documento: en la Etapa 5 los alumnos completaron su pasaporte, en la Etapa 9 fueron recopilando un dosier de actividades y en la Etapa 10 hicieron su biografía lingüística. En este enlace se puede hacer *ePortfolio* si sus alumnos prefieren hacerlo de forma digital: *https://www.oapee.es/e-pel/*

El Consejo de Europa, dentro de su programa de política lingüística, ha llevado a cabo dos proyectos fundamentales: el *Marco común europeo de referencia* (*cvc.cervantes.es/obref/marco/*) y el *Portfolio europeo de las lenguas* (*http://www.oapee.es/oapee/inicio/iniciativas/portfolio.html*).

El *Portfolio europeo de las lenguas* consta de tres documentos: el Pasaporte de lenguas, la Biografía lingüística y el Dosier lingüístico.

-El Pasaporte de Lenguas está diseñado para que el usuario de lenguas pueda, por un lado, presentar los conocimientos lingüísticos adquiridos y, por otro, para ayudar a los alumnos a reflexionar sobre los objetivos de su aprendizaje, a planificarlo y a aprender de manera autónoma.

-En la Biografía lingüística se hace reflexionar al estudiante sobre las situaciones de uso a las que ha de hacer frente, su estilo de aprendizaje y sus planes relacionados con el aprendizaje de lenguas.

-El propósito principal del Dosier es documentar empíricamente, las competencias y las experiencias de aprendizaje lingüístico y cultural reseñadas en el Pasaporte de lenguas y en la Biografía lingüística; desarrolla la función original que ejercen los portfolios, carpetas o dosieres en el mundo laboral, al documentar para los interesados las habilidades de los profesionales (arquitectos, decoradores, etc.) con fotografías y dibujos de las mejores obras que realizaron.

Unidad 1 — Vidas alternativas

1.1. **Modales:** 3, 5, 9, 10, 14, 16, 20; **Comparativas:** 1, 7, 11, 12, 13; **Consecutivas:** 2, 4, 6, 8, 15, 17, 18, 19.

1.2. **1.** por la cara; **2.** chungo; **3.** mola; **4.** mosqueada, echar la charla a unos compañeros de trabajo, se pongan las pilas; **5.** buen rollo, me pone las pilas; **6.** chungo, mal rollo.

1.3. **1.** consumo responsable; **2.** comercio justo; **3.** desarrollo sostenible.

1.3.1. **1.** F; **2.** V; **3.** V; **4.** V; **5.** F; **6.** F; **7.** F.

1.4. **1.** a; **2.** b; **3.** c; **4.** b; **5.** a; **6.** c; **7.** c; **8.** a; **9.** b; **10.** c.

1.5. **1.** siguió callado; **2.** dejé dicho; **3.** Dio por hecho; **4.** llevo escritas/tengo escritas; **5.** se verá forzado; **6.** quedará decidido; **7.** estar terminada; **8.** Tengo planeado; **9.** van bordadas/están bordadas; **10.** deja agotado/a.

1.6. **Grupo 1:** b; **Grupo 2:** c; **Grupo 3:** b; **Grupo 4:** b; **Grupo 5:** c; **Grupo 6:** a.

1.6.1. **1.** En las frases *a* y *c* "como" tiene un significado condicional de amenaza y en la frase *b* condicional de advertencia; **2.** En las frases *a* y *b* "como" tiene valor causal y en la *c* condicional de advertencia; **3.** En las frases *a* y *c* "como" tiene un valor modal siendo la información conocida y en *b* valor causal; **4.** En las frases *a* y *c* "como" tiene un valor comparativo y en la *b* causal; **5.** En las frases *a* y *b* "como" tiene un valor comparativo de advertencia, y en la frase *c* causal; **6.** En las frases *b* y *c* "como" tiene un valor modal con antecedente desconocido y en la frase *a* tiene valor modal con antecedente conocido.

Unidad 2 — Frente al televisor

2.1. **1.** a; **2.** g; **3.** h; **4.** d; **5.** b; **6.** f; **7.** e; **8.** j; **9.** i; **10.** c.

2.1.1. **1.** adjuntar un archivo; **2.** enviados especiales; **3.** tener mucha audiencia; **4.** se baja películas; **5.** los culebrones; **6.** me pierdo; **7.** colgar; **8.** estoy enganchando/a; **9.** corresponsales; **10.** concursante.

2.2. **1.** Tener un ligue; **2.** Me gustas; **3.** Amigo íntimo; **4.** Reunión de vecinos; **5.** Reunión de antiguos alumnos; **6.** Echar de menos; **7.** Seducir; **8.** Romper una relación; **9.** Enrollarse con alguien.

2.3. **1.** g (pijo); **2.** a (una chuleta); **3.** b (un jeta); **4.** d (tengo pasta), h (curro); **5.** e (mola); **6.** k (un muermo); **7.** f (facha); **8.** j (calimocho); **9.** i (un rollo); **10.** c (maruja eres).

2.4. **1.** ¡Venga!/tranquilizar y consolar/animar; **2.** Te recuerdo.../animar/advertir; **3.** Todo tiene solución/advertir/tranquilizar y consolar.

2.4.1. Respuesta abierta.

2.4.2. Respuesta abierta.

2.5. **1.** -ecito/a; **2.** En América; **3.** b; **4.** –ico/-illo; **5. a.** afectivo, **b.** despectivo, **c.** afectivo.

2.6. **1.** d; **2.** b; **3.** f; **4.** a; **5.** e; **6.** c.

2.6.1. **a.** historieta; **b.** callejón; **c.** redecilla; **d.** langostino; **e.** camilla; **f.** salchichón.

2.7. **1.** adj.; **2.** conj.; **3.** f.; **4.** inf.; **5.** pl.; **6.** pron.; **7.** vulg.; **8.** adv.; **9.** m.; **10.** prep.

2.8. **1.** muere; **2.** universidades; **3.** el sillón; **4.** cenizas; **5.** guías; **6.** humana; **7.** en relación con; **8.** con; **9.** escritura; **10.** discos; **11.** ejemplares; **12.** vibraciones; **13.** varones, hombres.

2.9. **1.** carro, banqueta, chela; **2.** pollera, vidrieras, negocio; **3.** saquito; **4.** aura.

2.9.1. **1.** d; **2.** h; **3.** a; **4.** b; **5.** g; **6.** e; **7.** c; **8.** f.

Unidad 3 · El tiempo pasa

3.1. **1.** convocar; **2.** campaña electoral; **3.** programa electoral; **4.** papeletas; **5.** urnas; **6.** abstención; **7.** jornada de reflexión; **8.** escaños.

3.2. **1.** Pienses como pienses/Pienses lo que pienses; **2.** Estés donde estés/Estés como estés; **3.** Pese a quien pese; **4.** Caiga quien caiga/Caiga donde caiga; **5.** Trabaje como trabaje/Trabaje donde trabaje; **6.** Digan lo que digan/Lo diga quien lo diga/Lo diga como lo diga; **7.** Sea como sea/Sea donde sea/Sea lo que sea/Sea quien sea.

3.3. **1.** Trabajes donde trabajes, recibirás un aumento de sueldo; **2.** Sea quien sea el ganador, nuestro objetivo es el bien común; **3.** Pienses lo que pienses/Pienses como pienses, no dejes de votarnos porque no te defraudaremos; **4.** Estés donde estés, nuestras prestaciones sociales llegarán a ti; **5.** Digan lo que digan, nuestro programa es el mejor; **6.** Reformaremos el sistema financiero, caiga quien caiga; **7.** Ganaremos sea como sea; **8.** No privatizaremos los servicios públicos, pese a quien pese.

3.4. **1.** Caiga donde caiga; **2.** Lo diga como lo diga; **3.** Trabaje como trabaje; **4.** Sea donde sea; **5.** estés como estés.

3.5. **1.** ve; **2.** estés, **3.** quieras; **4.** dísela; **5.** salgas; **6.** diga; **7.** pídela, **8.** se enfade.

3.6. **1.** a) después, 1) se legalizara, 2) se celebraron las primeras elecciones democráticas después de casi cuarenta años; **2.** b) Al mismo tiempo que, 3) entran, 4) llega al poder Fidel Castro; **3.** c) después, 5) muere Ernesto Che Guevara; **4.** d) entretanto, 6) empezó a cobrar fuerza; **5.** e) Nada más, 7) el general se exilió a Francia; **6.** f) Una vez, 8) se realizaron nuevas elecciones en 1911.

3.7. **1.** Se coronó; **2.** Se legalizó; **3.** Se celebraron; **4.** Se aprobó; **5.** fue elegido; **6.** fue aprobada; **7.** fueron desapareciendo; **8.** fueron llevados a cabo.

3.8. **1.** No, lo que ocurrió el 23 de febrero fue el asalto al Congreso; **2.** No, las primeras elecciones las ganó Adolfo Suárez; **3.** Lo que se aprobó fue la Constitución; **4.** Lo que se firmó fueron los Acuerdos de Paz; **5.** Lo que caracterizó a América Latina en esa época fueron los regímenes autoritarios; **6.** La fundó Abimael Guzmán.

3.9. **1.** e; **2.** g; **3.** f; **4.** b; **5.** d; **6.** c; **7.** a.

3.10. Eludir una crisis / un problema; Desplomarse los mercados / los precios / las inversiones; Encarecerse la vida / los precios; Contagiar una enfermedad; Ahorrar dinero / energía; Aumentar la morosidad / el gasto; Priorizar en inversiones.

3.11. **1.** c; **2.** f; **3.** d; **4.** b; **5.** g; **6.** e; **7.** a.

Unidad 4 Última etapa

4.1. **1.** a; **2.** b; **3.** a; **4.** a; **5.** b; **6.** a; **7.** a; **8.** a.

4.2. **1.** ¿Es cierto que en nuestra sociedad la gente está cada vez menos feliz?; **2.** ¿Qué explicación le da a esto?; **3.** ¿Cuál es su receta para la felicidad?; **4.** ¿Qué opinión le merecen los libros de autoayuda?

4.2.1. **1.** F; **2.** V; **3.** V; **4.** V; **5.** V; **6.** F; **7.** F; **8.** V.

4.3. **1.** conferencias; **2.** noticias; **3.** estándar; **4.** artículos; **5.** contemporáneos; **6.** fluidez; **7.** nativos; **8.** debates; **9.** especialidad; **10.** inconvenientes; **11.** intereses; **12.** refuten.

4.4. **1.** b; **2.** c; **3.** a; **4.** b; **5.** a.

4.5. **Contexto formal:** 1, 5, 6. **Contexto coloquial:** 2 3, 4, 7.

4.6. **1.** a; **2.** b; **3.** a; **4.** b; **5.** Pretende identificar los aproximadamente 30 000 genes en el ADN humano; **6.** 1. melena; 2. flequillo; **7.** a; **8.** b; **9.** b; **10.** Porque el calendario gregoriano adelanta cerca de medio minuto cada año. Este error se va acumulando hasta llegar a un desajuste de un día cada 3300 años; **11.** presente de subjuntivo; **12.** b; **13.** curro; **14.** b; **15.** a; **16.** a; **17.** Vino con Coca-Cola; **18.** b; **19.** b; **20.** b.

I ## Unidad 1. Vidas alternativas

[1]
A. El Proyecto Genoma Humano (PGH) es un proyecto de investigación científica con el objetivo fundamental de identificar los aproximadamente 30 000 genes en el ADN humano. La magnitud del Proyecto promete revolucionar el futuro de una manera tan profunda que algunos han comenzado a nombrar a este siglo como el siglo de la biología. Los beneficios abarcan áreas tan diversas como la medicina, la ecología, la agricultura, la evolución y la antropología.

B. Internet ofrece una información universal, omnipresente y libre, si bien no pueden desvincularse de ella problemas tales como la falta de veracidad, la autenticidad de las fuentes, la calidad en los contenidos, los derechos de propiedad intelectual, etc.

C. El calendario gregoriano adelanta cerca de medio minuto cada año. Este error se va acumulando conforme van pasando los años hasta llegar a un desajuste de un día cada 3300 años. Esto explica la necesidad de los años bisiestos.

D. Es evidente que otra comunicación es más que posible. Los grandes medios de comunicación ya no son la única fuente. Ahora, cualquiera puede buscar sus propios canales para informar y ser informado, gracias a múltiples aplicaciones puestas a disposición del ciudadano.

E. En España la crisis provocó un desánimo tan grande que se pensó que era necesario hacer algo para recuperar la confianza. Con esta finalidad, el Consejo Superior de Cámaras de Comercio y dieciocho empresas más crearon una campaña publicitaria; el eslogan, usado tal y como aparece en el enlace que lleva a la web: *estoloarreglamosentretodos.org*, transmitía optimismo y trataba de fomentar actitudes positivas entre la ciudadanía.

[2]
Isabel, una médica endocrinóloga de 43 años, dejó su hospital para ingresar en un monasterio como monja de clausura.

A los 47 años, Miguel dejó su restaurante en una gran ciudad para reconstruir casas en un pueblo abandonado. Clara era juez y fiscal y ahora es bailarina y profesora de danza.

Saben que en la vida no existen los guiones. Y, por eso decidieron acabar con lo que parecían historias escritas de antemano. Abandonaron la oficina el día en que se reconocieron insatisfechos y colgaron el cartel de "cerrado por hartazgo" sin temor al 'fantasma' de la crisis. No les importó dejarlo todo. Liarse la manta la cabeza y abandonar una vida de confort.

Son nuevos trotamundos, 'urbanitas' exiliados de la ciudad, cooperantes de nuevo oficio y 'aldeanos conversos' con los que *20minutos.es* ha hablado para confirmar que las fórmulas con las que es posible reinventarse pueden ser múltiples cuando el objetivo es sencillo: ser feliz.

[3]
Además de Isabel, Miguel y Clara tenemos el testimonio de Xavi.

► ¿Yo trabajaba como maquetador en un periódico deportivo en Barcelona, y Carme, mi pareja, en Recursos Humanos del Banco Sabadell. Llevábamos una vida ordinaria, aburrida, que no nos satisfacía. Así es que, por fin, un día cansados de la rutina decidimos dar por terminada nuestra anterior vida, apostar todo a una carta y poner los medios para lograr nuestro proyecto de vida: vivir viajando.

Y en estos viajes aprendimos muchas cosas, pero sobre todo vimos mucho dolor y sufrimientos, nos quedamos impresionados por la cantidad de miseria y pobreza que había en el mundo, pobreza, así es que nos vimos obligados a tomar una decisión, a hacer algo...

Siete años después han conseguido vivir de sus sueños: hacer viable económicamente su plan. Fundaron su propia ONG, cuyos proyectos dan a conocer en su página web. A través de ella recaban fondos de sus seguidores.

Otra vía de financiación han sido los tres libros que ya llevan escritos y en los que relatan las experiencias de su vida nómada. De los dos primeros, agotaron existencias, con 2500 ejemplares vendidos. Con el tercero, que verá la luz en noviembre, esperan repetir el éxito.

2 Unidad 2. frente al televisor

[4] Cada vez es más frecuente ver a una persona usando una red social o cualquier tipo de herramienta que le permita estar conectado con los demás. *Facebook, Tuenti, Twitter, WhastApp, Pinterest, Instagram*, etc. Son muchas. Y cada vez más. Muchos de esos internautas pasan horas y horas navegando entre las notificaciones de sus amigos. Subiendo fotos. Mandando mensajes. Compartiendo vídeos.

Pueden ser adictos a las redes sociales, aunque tal vez no lo sepan, "porque no se dan cuenta, solo lo percibe su entorno", explica a *RTVE.es* Juanma Romero, fundador de Adicciones Digitales, una asociación que ayuda a prevenir el abuso de la tecnología.

Para demostrar la adicción a las redes sociales, un grupo de psicólogos de la Universidad de Bergen (Noruega) ha realizado un estudio en busca de signos de conducta adictivos en la forma en la que se utilizan y los sentimientos que provocan las redes sociales. Y lo han centrado en *Facebook*. Las mujeres jóvenes e inseguras son las más propensas a ser adictas a *Facebook*. Los investigadores, detalla el diario británico *The Telegraph*, crearon la "Escala de Adicción a *Facebook* de Bergen" y analizaron los casos de 423 estudiantes.

Tuvieron que rellenar un cuestionario en el que tenían que puntuar aspectos como si pasaban mucho tiempo pensando en *Facebook*, si la red social les ayudaba a olvidar problemas personales o si habían intentado dejar *Facebook* porque les tenía atrapados. Tras estudiar las respuestas, los psicólogos concluyeron que las mujeres tienen más predisposición que los hombres a convertirse en adictas a la red social. Sobre todo las jóvenes e inseguras.

El estudio recoge que algunos de los participantes demostraron claros signos de adicción a *Facebook*, en un grado similar al mostrado por personas adictas al alcohol, a las drogas o a otras sustancias. En este sentido el fundador de Adicciones Digitales considera que "hay un problema. El tabaco y el alcohol se puede quitar. Pero hoy en día la tecnología está en todas partes. En casa, en el trabajo, en las bibliotecas, en las universidades. La diferencia es fundamental", advierte.

Además, Romero reconoce que "*Facebook* es una plataforma muy adictiva, porque permite que los usuarios se desinhiban y cuenten cosas que no harían en persona". Esto "sobre todo pasa con los adolescentes, principalmente porque les ayuda a encontrar su propia satisfacción ante los demás e incluso ser admirados por los suyos, pero en muchas ocasiones crea una adicción insana", concluye el experto.

[5] 1. *Más Gente* ha resultado ser un programa aburrido, sin ritmo, soso, con unos colaboradores que van de modernos pero resultan en ocasiones ridículos, con otros relamidos y estirados y algunos que parecen estar en el salón de su casa jugando a salir en la tele, con un aire general de programa rescatado de la parte de atrás de la videoteca de la cadena que no resiste un visionado completo.
Empalagoso, y lo peor de todo: el discurso pelota, especialmente de la presentadora, hacia todos los famosos que salen en sus fiestas, sus presentaciones, sus galas benéficas y ñoñerías varias. Esa especie de culto al personaje popular tan de antes, en boca de la presentadora de *Más Gente* se convierte en un exceso insoportable.
Más Gente confunde la elegancia con el peloteo y al final el programa se convierte en una sola cosa: un auténtico y soberano plomazo que no resistiría en ninguna otra cadena. Es una pena que pudiendo hacer cosas de calidad acabemos teniendo esto.

2. Un motivo de satisfacción entre tanta telebasura es la noticia de que, después de años en antena en la franja de sobremesa, el programa *Saber y Ganar* logró una audiencia por encima de los datos de los programas del resto de las cadenas. Lo que pone en evidencia es que el público no parece ser tonto del todo, como muchos piensan y se esfuerzan por probar, y cuan-

Nivel B2.5

do un producto no les gusta, los espectadores no se quedan como borregos atontados frente a la pantalla, sino que buscan alternativas. Es este un brillante programa, dirigido con pulso firme y magistral seriedad. Frente al resto de concursos, donde no hay que tener una formación destacada, y donde el plató es parte de la fanfarria, *Saber y Ganar* es lo contrario, poco artificio exterior y mucha preparación interior. La manera en que está hecho resulta muy divulgativa, y siempre se aprende viendo el programa. Las pruebas son interesantes y variadas, y el programa ha sabido cambiarlas y renovarlas cuando han mostrado síntomas de desgaste. *Saber y Ganar* no hace uso de grandes presupuestos, tiene una puesta en escena simple y correcta y no ha tenido que recurrir a golpes de efecto para mantenerse en parrilla. Lo suyo es una carrera de fondo, de no quemarse gracias a ser un programa bien hecho y cuidado, con un equipo de guionistas que sabe a qué público se dirige y que crea un ambiente amable y alejado de la crispación de otros programas de la competencia. Media hora al día para sentirse entre amigos, jugar y aprender. Y esperamos que siga así, al menos, otros quince años.

[6]   NOTICIA 1.

Hace casi año y medio, la prensa gallega dio cuenta de la visita de Amancio Ortega a un centro comercial de las afueras de A Coruña, conocido como *Marineda City*. Allí recorrió durante algunas horas las tiendas del grupo Inditex con toda naturalidad, tanto es así que aprovechó a mediodía para tomarse en un bar cercano un sándwich vegetal, una cerveza y un café con sacarina, un almuerzo que les pareció austero a los cronistas, tratándose en ese momento de quien era el octavo hombre más rico del mundo. Lo que nadie sabía entonces es que la visita de Amancio Ortega tenía otro propósito. El jefe quería ver en vivo y en directo cómo era y cómo funcionaba el nuevo concepto de tienda que estaba preparando Zara y que un año después inauguraría a bombo y platillo en la 5.ª Avenida de Nueva York.

Esa forma de actuar es muy de la casa, muy de Ortega y, en el fondo, muy de quien trabaja con Ortega. En la sede central de Arteixo predomina la naturalidad y la discreción, pero también la opacidad. No es que Inditex guarde muchos secretos a estas alturas de la vida tratándose de una de las compañías más estudiadas en las grandes escuelas de negocio, pero sí que conserva la habilidad para divulgar exactamente lo que quiere que se difunda y, en muchas ocasiones, en el tono que más le conviene. Para ser una compañía que no utiliza la publicidad (desde luego, no paga por ella), pero que está en boca de medio mundo, es un éxito impagable.

Un año y medio después, el 15 de abril de 2012, Inditex invitó a un grupo de periodistas de todo el mundo para inaugurar su nueva tienda Zara en Nueva York, en el 666 de la 5.ª Avenida. Los periodistas dieron cuenta de un nuevo concepto de establecimiento que calificaron casi unánimemente como una "boutique de boutiques". Con mejor o peor literatura fueron explicando las virtudes de un escenario neutro con grises, blancos, espacios y contenidos, luces y sombras creado para impresionar a los futuros clientes y hacerles comprar.

En la inauguración mundial no estuvo presente Amancio Ortega, como en él es habitual. Esta semana, la agencia de noticias económicas *Bloomberg* proclama a Ortega como uno de los tres más ricos del planeta con 37 500 millones. Supera a un mago de las finanzas (Warren Buffet) y a otro tendero como él, Ingvar Kampad (dueño de IKEA). Es posible que Bill Gates y Carlos Slim, los dos primeros de la lista, le queden todavía un poco lejos, pero dentro de lo anecdótico que pueda ser este juego de cifras con los millonarios del momento, lo cierto es que la figura de Amancio Ortega ilustra un fenómeno que no acaba de sorprender, de contradecir a los analistas y de resultar inimitable 37 años después del nacimiento de la compañía.

NOTICIA 2.

Desde que empezó a aplicarse en 1966, cerca de nueve millones de jóvenes han llenado la Encuesta de Estudiantes Estadounidenses de Primer Año. La encuesta pide a los estudiantes que se evalúen frente a sus colegas en varias áreas de habilidades básicas, según el sitio BBC Mundo. «En las pasadas cuatro décadas ha habido un dramático aumento del número de estudiantes que se describe a sí mismo como "superior al promedio" en habilidades académicas, motivación al éxito, habilidades matemáticas y autoconfianza». Así lo reveló un nuevo análisis de los datos de la encuesta, realizado por la psicóloga estadounidense Jean Twenge y un grupo de sus colegas.

La forma como los estudiantes se evalúan a sí mismos en renglones menos individualistas, como disposición a la cooperación, comprensión de los otros y espiritualidad, ha registrado pocos cambios, incluso ha bajado. Twenge añade que mientras los jóvenes están cada vez más inclinados a etiquetarse a sí mismos como "dotados" en habilidades escritas, las pruebas sobre escritura señalan que el indicador viene en descenso desde los años 60. Otro estudio realizado por Twenge sugiere que ha habido un 30 por ciento de incremento en las actitudes narcisistas en los estudiantes estadounidenses desde 1979. Autoestima es la valoración que hacen las personas de sí mismas. «Nuestra cultura solía promover la modestia y la humildad y no presumir de uno mismo. Se consideraba negativo ser visto como vanidoso», dice Twenge.

No todo el que tiene alta autoestima es un narcisista. Algunas apreciaciones positivas de uno mismo pueden ser inofensivas y de hecho, justificadas. Pero uno de cada cuatro estudiantes que respondió al cuestionario Inventario de Personalidad Narcisista lo hizo de una manera que se inclinaba hacia visiones narcisistas de sí mismo. Aunque algunos argumentan que el narcisismo es una característica esencial, Twenge y sus colegas lo ven como algo destructivo y culpan del crecimiento de las actitudes narcisistas a una serie de tendencias, entre las que incluye el estilo de crianza, la cultura de las celebridades, las redes sociales y el fácil acceso al crédito, que permite que la gente luzca más exitosa de lo que realmente es. «Lo que realmente se ha impuesto en las últimas dos décadas es la idea de que tener una gran confianza en sí mismo, amarte a ti mismo, creer en ti mismo, es la clave al éxito. Pero lo interesante acerca de esa creencia ampliamente compartida es que es generalizada, pero también es falsa», concluye la psicóloga.

3 **UNIDAD 3. El tiempo pasa** ....

[7] 1. El gobierno tiene que andarse con mucho cuidado. Los ministros de Justicia y Hacienda parecen no haberse dado cuenta de lo delicado de la situación y están actuando de manera imprudente, como si el estado de ánimo del país no hubiera cambiado, como si no existiera un estado de alarma que provoca una atenta vigilancia de todos los actos políticos. Los ciudadanos están realmente enfadados y reaccionan rápidamente y con fuerza ante cualquier nueva noticia que roce ligeramente temas relacionados con tratos de privilegio o corrupción.

El ministro de Justicia, por ejemplo, no ha pensado en el impacto que podría tener el indulto a un conductor homicida, su decisión es muy atrevida porque el caso reúne condiciones extrañas que pueden despertar sospechas.

El de Hacienda ofrece amnistía fiscal a los defraudadores y muestra su característico sentido del humor para evitar dar la información que le exige la oposición al respecto. Las dos actuaciones son intragables para una ciudadanía que se siente ya completamente indigesta.

2. Para que acabe la corrupción, que es ya una de las principales preocupaciones de los ciudadanos, tienen que cambiar los partidos, algo que decimos mucho, y tenemos que cambiar los medios, algo que no decimos nunca. Es cierto que los partidos deben acabar de una vez por todas con la doble vara de medir y eso lo hemos dicho a menudo. Sin embargo, hablamos menos de que los medios de comunicación también tenemos que cambiar y acabar con la subjetividad con la que seleccionamos las denuncias que hacemos públicas. Cada medio denuncia con dureza lo que investiga y observa impasible, o incluso ignora, lo que investigan los demás.

Aunque está claro que no todos los casos ni comportamientos son iguales, no debemos escudarnos en esa excusa. Hay que admitir que las posiciones ideológicas determinan con frecuencia qué asuntos se investigan y cuáles no y favorece a la corrupción, que no terminará mientras no apliquemos las recetas que prescribimos.

3. Los dos grandes partidos han hablado para avanzar en el famoso pacto anticorrupción, acuerdo al que hay que llegar de manera urgente. Pero esta urgencia no debe hacernos olvidar que estamos hablando de un acuerdo entre partidos para evitar la corrupción, como si fuera necesario el consenso para algo que debería estar en el ADN de los partidos.

Evitar las malas prácticas no debería ser fruto de un acuerdo, debería ser lo habitual y en lugar de un acuerdo deberíamos estar hablando de la exigencia con uno mismo y con los otros. Tampoco sería necesario el acuerdo si los mecanismos de control funcionaran correctamente. El pacto contra la corrupción debe llegar después de que se llegue hasta el fondo en los casos que están abiertos. Un pacto, un código de buenas prácticas no puede ser un borrón y cuenta nueva.

Sin embargo, parece difícil conseguir que no sea así, ya que hoy estaba en manos del partido en el gobierno permitir que su presidente compareciera en el congreso para dar explicaciones del caso de corrupción más reciente y el partido ha utilizado su mayoría absoluta para impedirlo. Un mal comienzo si se quieren cambiar las cosas. No podría pasar nada peor que al final todo se quedara tal y como está. Esta puede ser la tentación en el caso del partido que gobierna actualmente, esperar a que pase el temporal y nos olvidemos de todo. Esta sería la peor de las noticias.

[8] La ciudad de Madrid está situada en el centro de España y fue nombrada capital por Felipe III en 1606. En la historia de Madrid hay cuatro etapas fundamentales: Madrid medieval, Madrid de los Austrias, Madrid de los Borbones y Madrid romántico.

La parte más céntrica de Madrid pertenece al Madrid medieval, sus lugares más importantes son la Plaza de la Villa y la Calle Mayor, que se construyeron en el siglo XV.

Del Madrid de los Austrias destaca la Plaza Mayor que fue edificada por Felipe III en 1619. Su edificio más importante es la Casa de la Panadería que está situada en el centro de la fachada principal. Muy cerca de allí está la Plaza de Santa Cruz donde se encuentra el Ministerio de Asuntos Exteriores, edificio que fue diseñado por el arquitecto italiano Crescendi.

En el Madrid de los Borbones destacan varias obras diseñadas por el arquitecto madrileño Pedro de Ribera, por ejemplo la portada del Cuartel de Conde Duque y el puente de Toledo. En la Puerta del Sol se alza un edificio de este periodo que inicialmente fue construido para Correos. En el siglo XIX se instaló sobre él el reloj más famoso de España. En esta época se hicieron también el Museo del Prado y el parque de El Retiro.

El Madrid romántico no tiene un estilo definido, presenta influencias de todos los anteriores. De sus lugares de interés más representativos podemos decir que el Palacio Real fue levantado sobre un antiguo alcázar que se quemó y el Palacio del Congreso fue inaugurado por la reina Isabel II en 1850.

Etapa 14

4 UNIDAD 4. Última etapa

[9] El amor, la amistad, el afecto, el poder, sentirse útil o valorado son elementos de gran importancia para el bienestar y carecen de sentido si no se corresponden o no son compartidos. Por eso la presencia del grupo (la sociedad, la familia, el Estado, la comunidad, la ciudad, el territorio) es tan influyente en la vida de una persona.

Como conclusión y a modo de resumen, nuestra participación y pertenencia a grupos nos beneficia en los siguientes aspectos:

1. Supervivencia. Las necesidades básicas como el alimento y el cobijo se han solucionado desde hace miles de años de una forma colectiva. Cazar y recolectar, intercambiar productos, construir viviendas y distribuir el territorio tienen un sentido profundamente colectivo o grupal porque resuelven necesidades repartiendo los esfuerzos y las tareas. Dentro de la familia (el cuidado), el poblado (el alimento), la aldea (la defensa) o la ciudad (los servicios) sobrevivimos porque no estamos solos.

2. Afecto. El cariño, el afecto, la amistad o el amor han sido muy importantes en la historia de los seres humanos. «El amor mueve montañas». Las relaciones personales son fundamentales en nuestra felicidad y nuestro bienestar. No se trata de descubrir la importancia que tiene querer y sentirse querido, sino de hacer patente que la satisfacción que obtenemos de una pasión, de una amistad o de un gran amor es posible porque nos relacionamos con otros. Y que la compleja red de relaciones de cada persona es una fuente de placer y bienestar que se consigue con otros y no solos.

3. Aprendizaje. Desde los primeros días de la vida de un ser humano, aprender es una de las actividades necesarias, que produce más satisfacción y que asegura mejor nuestro futuro y felicidad. El aprendizaje es vital, aprendemos, pero ¿cómo se aprende? Fundamentalmente de otras personas. Los escritos, las conductas, las ideas, los consejos, los ejemplos, las propuestas y las características de otras personas nos ayudan a aprender.

4. Poder. A todos nos gusta mandar, influir. Poco o mucho. Sobre algo o sobre alguien. Una pequeña porción de poder nos resulta beneficiosa y estimulante. El poder, entendido como la posibilidad de control y decisión sobre algo o alguien, es estimulante. Algunas personas lo resuelven de una forma inteligente («hoy que tengo tiempo voy a hacer lo que yo quiera») y otras lo hacen de una forma más torpe («la casa es mía y se hace lo que a mí me da la gana»).

5. Ideología. La forma de pensar de cada cual es algo muy importante. Son una serie de ideas que organizan una parte de la actividad, del tiempo y de los gustos de todos. Esta forma de pensar va variando, moldeándose, cambiando en el tiempo, y esas variaciones se producen en muchas ocasiones en grupo. La filosofía de la vida hace más o menos fáciles las relaciones entre las personas y, a su vez, las relaciones personales van modificando la filosofía de la vida de las personas cuando intercambiamos, disfrutamos y experimentamos juntas.

6. Diversión. No cabe duda de que la risa, el espectáculo, la diversión son elementos motivadores. Existe un amplio repertorio de actividades y formas de diversión que implican o, al menos, alcanzan sus mejores «prestaciones» cuando se realizan en grupo: conversar, bailar, hacer fiestas, viajar, ir a un concierto, hacer deporte... Todos necesitamos una cuota de diversión compartida en la que gran parte del disfrute está precisamente en la existencia de otras personas.

7. Valoración social. Una parte de nuestra felicidad tiene que ver en parte con cómo nos ven los otros. La importancia de la imagen que tienen los demás de nosotros surge del deseo de que esa imagen sea la correcta, y de que la valoración de la imagen sea positiva. No solo el autoconcepto (la idea que tenemos de nosotros mismos) es necesario para la autoestima. También la valoración social (la idea que los demás tienen sobre nosotros) es fundamental. Un grupo da la oportunidad de que exista esa valoración. Porque dentro de él las personas nos diferenciamos, nos parecemos, emitimos juicios, mostramos acuerdos o discrepancias, discutimos u opinamos de la misma manera, nos acercamos o nos distanciamos unas de otras.

[10] **Noticia 1.**

Un estudio con 184 simios en cautividad realizado por investigadores de la Universidad de Arizona (EE. UU.) revela que los orangutanes felices viven durante más tiempo. Los resultados se publican en la revista *Biology Letters*. Para llevar a cabo la investigación, los científicos pidieron a los cuidadores de 184 orangutanes que llevaran un registro de cuándo los animales estaban de buen o de mal humor, cuándo disfrutaban más de sus interacciones sociales y si conseguían alcanzar sus objetivos. Además, les invitaron a valorar si los describirían como "felices". Un análisis de los datos reveló que los que obtenían puntuaciones más altas en el "ranking" de felicidad eran los que más probabilidades tenían de seguir con vida siete años después. El efecto se observaba independientemente del sexo y la edad. Los resultados podrían arrojar luz sobre cómo evolucionó la felicidad, no solo en orangutanes, sino en todos los primates, incluido el ser humano.

Una de las teorías que barajan los expertos es que la felicidad evolucionó por selección sexual: un individuo feliz es más atractivo para el sexo opuesto porque vivirá más. Aunque la felicidad ya había sido relacionada con el aumento de la esperanza de vida en humanos, y ahora en orangutanes, las bases biológicas aún se desconocen. Uno de los retos, según Weiss, es averiguar si la felicidad y la salud en simios están controladas por los mismos genes.

Noticia 2.

La vida parece más de color de rosa después de los 50, según revela un estudio publicado en la revista *PNAS*. En concreto, los adultos que superan el medio siglo de vida son generalmente más felices, experimentan menos estrés y se preocupan menos que los veinteañeros. A esta conclusión ha llegado un equipo de científicos estadounidenses tras entrevistar a más de 340 000 norteamericanos. En el estudio se ha tenido en cuenta tanto la felicidad general ("bienestar global") como las experiencias diarias sobre sentimientos como el estrés o la diversión ("bienestar hedonista"). Aunque estas dos dimensiones del bienestar raramente se estudian a la vez, según Arthur Stone, psicólogo de la Universidad Stony Brook de Nueva York y coautor del estudio, son igual de importantes, porque "el bienestar global proporciona una visión más reflexiva de la vida mientras que el bienestar hedonista nos habla de una visión inmediata, que incluye sentimientos como diversión, preocupación, estrés, enfado, tristeza".

Según ha podido comprobar Stone, la ira y el estrés descienden progresivamente desde la juventud (20) hasta la madurez (50), mientras que la felicidad y la capacidad de divertirnos aumentan al cumplir medio siglo. En cuanto a las preocupaciones, se mantienen bastante constantes hasta los 50, momento en que empiezan a decaer. Y todo ello independientemente de factores como tener o no empleo, o la presencia de hijos en casa. Los resultados fueron similares en hombres y mujeres. A la pregunta de por qué somos más felices al envejecer, Stone argumenta que posiblemente las personas adultas controlan sus emociones mejor que los jóvenes. O quizás tiene que ver con la nostalgia: los adultos conservan menos recuerdos negativos, de ahí que sean más felices. Además, a medida que pasa el tiempo nos centramos menos en lo que hemos o no hemos conseguido y más en "aprovechar al máximo el resto de nuestra vida", añade el investigador.

Etapa 14

I UNIDAD 1. Vidas alternativas

[11]

▶ Buenos días, hoy vamos a entrevistar Fede Rodríguez, activista y autor de diversos libros y publicaciones sobre movimientos sociales y consumo responsable. Pero sobre todo, Fede Roldán es un idealista nato y un luchador. Buenos días Fede, ¿otro mundo es posible?

▶ Buenos días, jajaja. Sí, sí, otro mundo es posible, con ayuda y participación de todos los ciudadanos lo es.

▶ Fede, ¿cómo nos explicarías el concepto de consumo responsable?

▶ Pues mira, es la elección que, como consumidores, hacemos de los productos no solo en base a su relación calidad precio, sino también pensando en su impacto ambiental y social y por la conducta de las empresas que los elaboran; es decir, si la empresa respeta los derechos humanos de los trabajadores y el medioambiente.

▶ Claro, tiene sentido. Y ¿qué consejos nos das para un consumo responsable?

▶ Lo primero, consumir menos, o sea, antes de comprar pensar si realmente necesitamos el producto o es una compra compulsiva, un capricho. También, evitar productos de usar y tirar, plásticos, latas y reciclar en la medida de lo posible. Bueno, y no olvides que consumir productos de los mercados locales, ecológicos o de comercio justo, son sin duda las mejores opciones medioambientales y sociales. En fin, cambiar un poco nuestros hábitos, que no cuesta mucho, ¿no te parece?

▶ Desde luego, es algo que todos podemos hacer. Y... oye, del comercio justo, una alternativa muy interesante... ¿qué nos puedes decir?

▶ Pues bien, el comercio justo lo que defiende son los derechos de los pequeños productores del Sur, su principal objetivo es garantizar a los productores y trabajadores un salario, condiciones laborales justas, además de asegurarse de que los niños no sean explotados y de que las mujeres tengan igualdad de oportunidades, una producción sostenible, y... en fin, pues eso un comercio JUSTO. Y por supuesto, rechaza el monopolio de las grandes multinacionales, la compra de lo más barato, el dominio de lo sintético frente a los productos artesanales.

▶ Entiendo, entiendo, aunque no sé... ¿cómo se garantiza que un producto proviene de comercio justo?

▶ Fácil, porque existe un sello internacional, *Fairtrade*, que lo certifica. Es una certificación con más de 20 años de historia y España forma parte de este sistema desde 2005.

▶ ¡Vaya! pues eso es toda una seguridad, me gusta, me gusta el concepto de comercio justo. Oye, Fede, muchas gracias por responder a mis preguntas y mucha suerte con tus proyectos.

▶ Muchas gracias a ti y ya sabes ¡otro mundo sí es posible!

2 UNIDAD 2. frente al televisor

[12]

► ¿Qué tal tu viaje por Hispanoamérica?

► Pues genial, la verdad, me ha gustado la comida, la gente, los paisajes y me ha encantado aprender palabras nuevas. La primera vez que oí a un mejicano decir: "El carro de la policía se ha parado en la banqueta", flipé. Pensé, pero... ¿dónde está el carro?, ¿qué es banqueta?

► Hombre, carro también lo uso yo en plan coloquial, cuando me refiero a un coche. Pero banqueta, no tengo ni idea.

► Acera. Y en Argentina, mi amiga Lili me dijo: "Acompáñame a comprarme una pollera que he visto en las vidrieras de un negocio cerca de mi casa". ¿Lo entiendes?

► Pues por el contexto, pollera será una prenda de vestir, negocio es tienda, está claro, y vidriera, escaparate, ¿no?

► Sí, sí... Ah, y pollera es falda. Y relacionado con ropa, a ver si sabes qué es un saquito, que lo escuché en Perú.

► Pues ni idea, ¿abrigo?

► Casi..., chaqueta. Y lo que me dejó sin palabras fue cuando en Cuba me dijeron que un amigo mío era un aura, y yo dije, un qué, y me salta el tío, ¿no me entiendes? Pero cómo le voy a entender, podía significar cualquier cosa. Significaba cobarde.

► Oye, me encanta, qué guay.

► Mira, podría seguir contándote cositas pero es que he quedado para tomar una chela, ja, ja.

► ¿Una caña?

► Sí, es una palabra mejicana. Hasta luego.

► Hasta luego.

Etapa 14

Nivel B2.5

3 UNIDAD 3. El tiempo pasa

[13] **1.**

▶ ¡Oye! ¿Te acuerdas de lo que pasó el 23 de febrero de 1981?

▶ Sí, hombre, ¡cómo es posible que no lo recuerdes! Unos militares sublevados al mando del teniente coronel Tejero asaltaron el Congreso. Tú tendrías cinco años y todos en casa estábamos muy nerviosos.

2.

▶ Me acuerdo cuando votamos por primera vez después de la muerte de Franco. ¡Qué ilusión cuando puse mi papeleta en la urna! Y el primer presidente de la democracia fue Adolfo Suárez, fueron unos años difíciles, pero intensos.

▷ Abuelo eso ya me lo has contado, háblame de cuando corrías delante de los grises en la universidad.

3.

▷ El 6 de diciembre es fiesta porque es el día en el que se aprobó la Constitución española, fue en el año 1978. La ley del aborto es posterior, creo que fue en el 85.

4.

▷ En enero de 1992 se firmó la Declaración de Guerra en México, ¿verdad?

▶ No, no, todo lo contrario, lo que se firmó fueron los Acuerdos de Paz.

5.

▶ Latinoamérica estuvo en manos de muchos gobernantes que impusieron una dictadura en sus países.

▷ ¿Y cuándo ocurrió esto? ¿De los años sesenta a los noventa? ¿No?

▶ Sí, eso es.

6.

▷ ¿Te acuerdas de Sendero Luminoso?

▶ Sí, claro, la organización marxista peruana. Por cierto, ¿cómo se llamaba su fundador?

▷ La fundó Abimael Guzmán, lo sé porque ayer leí un artículo sobre él en un dominical. Muy interesante, por cierto.

4 UNIDAD 4. Última etapa

[14] **1.**

► ¡Tía! He tenido una movida en casa tremenda.

► ¡No me digas! ¿Qué ha pasado?

► Pues que mi padre ha descubierto que estoy haciendo pellas en solfeo y se ha puesto hecho una fiera y me ha amenazado con quitarme la paga y todo.

► Total que tendrás que volver a tragarte ese rollazo de clase, ¿no?

► ¡A ver qué remedio!

2.

▷ ¡Qué pasote, tíos! El sábado fuimos a tomar unas copas después de cenar y menuda clavada nos dieron. Pagamos 15 pavos por un gin-tonic. Eso sí, una ginebra guay.

► ¡Qué pasote! ¿Cómo vais a sitios tan caros?

▷ No sabíamos que lo fuera.

► Pues la próxima vez, ya sabes, pregunta antes de pedir.

3.

► ¿Qué ha pasado hoy en la telenovela? He tenido que ir al dentista y me la he perdido.

▷ ¡Ha sido increíble! El endocrino ha pillado a Beti dándose un atracón a chocolate y le ha dicho que no puede seguir engañándose de esa forma. Ella al principio pensó: ¡qué pelmazo!, pero luego sin saber cómo, se enamoró de él. La pena es que el médico no siente lo mismo y ahora Beti está muy desanimada y no hace nada más que comer y llorar.

► ¡Hay que ver qué ñoña es la pobre!

4.

▷ ¡Qué vacaciones las de este año! ¡Qué bien me han sentado! El hotel era estupendo, con pistas de pádel y piscina. He desconectado totalmente. Y lo mejor: una pantalla gigante para ver los partidos, con tu cervecita fresquita... Eso era el paraíso.

► Pero solo has estado una semana, ¿no? ¿Y en tan poco tiempo has podido desconectar? ¡Qué capacidad la tuya!

▷ Lo cierto es que no me han sabido a poco.

5.

▷ Ahora que estás empezando como autónomo, debes saber que es muy importante ofrecer un buen servicio a los clientes porque lo que mejor funciona en el pequeño comercio es el boca a boca.

► Sí, eso lo tengo claro. Aunque no hay que olvidar que en la actualidad los emprendedores abordan muchos proyectos por Internet y que las ventas *online* están aumentando.

Etapa 14

Etapa 14

Competencias

Características del siglo xx

1. Bomba atómica sobre Nagasaki.	18. Fin del colonialismo.
2. Fundación de la Liga de Naciones.	19. Deforestación.
3. Guerra Civil española.	20. Guerra del Golfo.
4. Segunda Guerra Mundial.	21. Crisis del petróleo.
5. Holocausto nazi.	22. Agujero en la capa de ozono.
6. Huracán Mitch.	23. SIDA.
7. Producción industrial de todo tipo de productos.	24. Guerra de Corea.
8. Calentamiento global.	25. Construcción y caída del Muro de Berlín.
9. Desarrollo de las armas nucleares.	26. Nacimiento y ocaso de países comunistas.
10. Primera Guerra Mundial.	27. Guerra Fría.
11. Invención de máquinas voladoras más pesadas que el aire.	28. Guerra de Vietnam.
12. Vuelo espacial y alunizaje.	29. Desarrollo de la radio y de la televisión.
13. Polución y contaminación.	30. Teoría de la relatividad y del modelo cosmológico del *big bang*.
14. Antibióticos, trasplante de órganos, clonación.	31. Desarrollo de la mecánica cuántica y física de partículas.
15. Comienzo del reconocimiento de los derechos de las mujeres.	32. Descubrimiento del ADN, desarrollo de la biología molecular.
16. Desertización.	33. Constitución de la Organización de las Naciones Unidas.
17. Invención del transistor, del circuito integrado, de la luz láser, de los ordenadores y de Internet.	34. Conflicto árabe-israelí.

Características del siglo XXI

1. El siglo XXI es nuestro presente, **conforme** al calendario gregoriano. Oficialmente comprende los años entre 2001 y 2100. Es el primer siglo del III milenio.

2. El siglo XXI se caracteriza por un avance **y expansión de la digitalización tal, que a esta época se la conoce como la era de la información:** quien la controla y quien accede a ella tendrá las mejores oportunidades.

3. Las llamadas *redes sociales* configuran una de las herramientas características en donde el usuario es el verdadero protagonista. Comunidades virtuales que proporcionan información e **interconectan a personas más de lo que sus creadores pudieron imaginar**; es también la era de la conectividad a bajo coste.

4. En el campo de la ciencia y la tecnología, también han destacado otros **fenómenos tan importantes como los anteriores**, entre ellos el llamado *apagón analógico*, debido a la aparición en 2005 de la televisión digital terrestre, la masificación de dispositivos móviles y el posdesarrollo del Proyecto Genoma Humano.

5. En el contexto económico internacional, el siglo XXI está marcado por la crisis económica de 2008, **de alcance global y de tal envergadura, que continúa hasta nuestros días**. Esta ha sido señalada por muchos especialistas internacionales como la «crisis de los países desarrollados», ya que sus consecuencias se observan fundamentalmente en los países más ricos del mundo.

Eclipse de mar

Hoy dice el periódico que ha muerto una mujer que conocí
que ha perdido en su campo el Atleti
y que ha amanecido nevando en París.

Que han pillado un alijo de coca,
que a Piscis y Acuario les toca el vinagre y la hiel.

Que aprobó el Parlamento Europeo una ley a favor de abolir el deseo,
que falló la vacuna antisida,
que un golpe de Estado ha triunfado en la luna y *movidas* así.

Pero nada decía la prensa de hoy de esta sucia pasión, de este lunes marrón,
del obsceno sabor a cubata de ron de tu piel,
del olor a colonia barata del amanecer.

Hoy amor, como siempre,
el diario no hablaba de ti, ni de mí.
Hoy amor, igual que ayer, como siempre,
el diario no hablaba de ti, ni de mí.

Hoy dijo la radio que han hallado muerto al niño que yo fui,
que han pagado un pasote de pelas por una acuarela falsa de Dalí.

Que ha caído la bolsa en el cielo,
que siguen las putas en huelga de celo en Moscú.
Que subió la marea, que fusilan mañana a Jesús de Judea,
que creció el agujero de ozono,
que el hombre de hoy es el padre del mono del año 2000.

Pero nada decía el programa de hoy de este eclipse de mar,
de este salto mortal,
de tu voz tiritando en la cinta del contestador,
de la manchas que deja el olvido a través del colchón.

Usos de *como*

1 Como te pongas ese pantalón, yo no voy contigo.

2 Compórtate como te dicte tu conciencia.

3 Como le lleves la contraria, deja el proyecto y nos quedamos solos.

4 Hazlo como te parezca mejor.

5 Trabajo tanto como tú, así que no te quejes.

6 Como no te lo comas, ya verás.

7 Es tan obsesivo y perfeccionista como su padre.

8 Tú móntalo como indican las instrucciones, que para algo están.

9 Como te han ascendido, no quieres saber nada del pueblo llano.

10 Como no me dijiste que ibas a venir, no te esperé.

11 Píntalo como te hayan mandado.

12 Como sigas llevando esta vida, terminarás mal.

13 Como se cree más listo que nadie, se permite ciertas licencias.

Léxico de relaciones amorosas y sociales

Ser un amigo de toda la vida	**Me atraes**
Conocer(se) por casualidad	**Hacer(se) amigos**
Hacer una visita	**Darse dos besos**
Saludar afectuosamente	**Te deseo**
Me vuelves loco/a	**Seducir**
Te echo de menos	**¡Cariño mío!**
Tener un/a amante	**Romper una relación**
Estar prometido/a	**Conocerse de vista**
Enrollarse con alguien* (coloq.)	

Definiciones de coloquialismos

Calimocho: bebida que mezcla vino tinto y Coca-Cola.

Facha: adjetivo despectivo para designar a alguien con ideología política reaccionaria.

Pijo/a: adjetivo despectivo para una persona que en su vestuario, modales, lenguaje, etc., manifiesta gustos propios de una clase social acomodada.

Chuleta: entre estudiantes, papel pequeño con fórmulas u otros apuntes que se lleva oculto para usarlo disimuladamente en los exámenes.

Jeta: adjetivo sinónimo de caradura.

Madero: policía (referido a una persona).

Pasma: conjunto de la policía (referido al grupo).

Pasta: sinónimo de dinero.

Muermo: aburrido.

Privar: beber.

Molar: gustar.

Curro: trabajo.

Dominó de expresiones de ánimo y consuelo

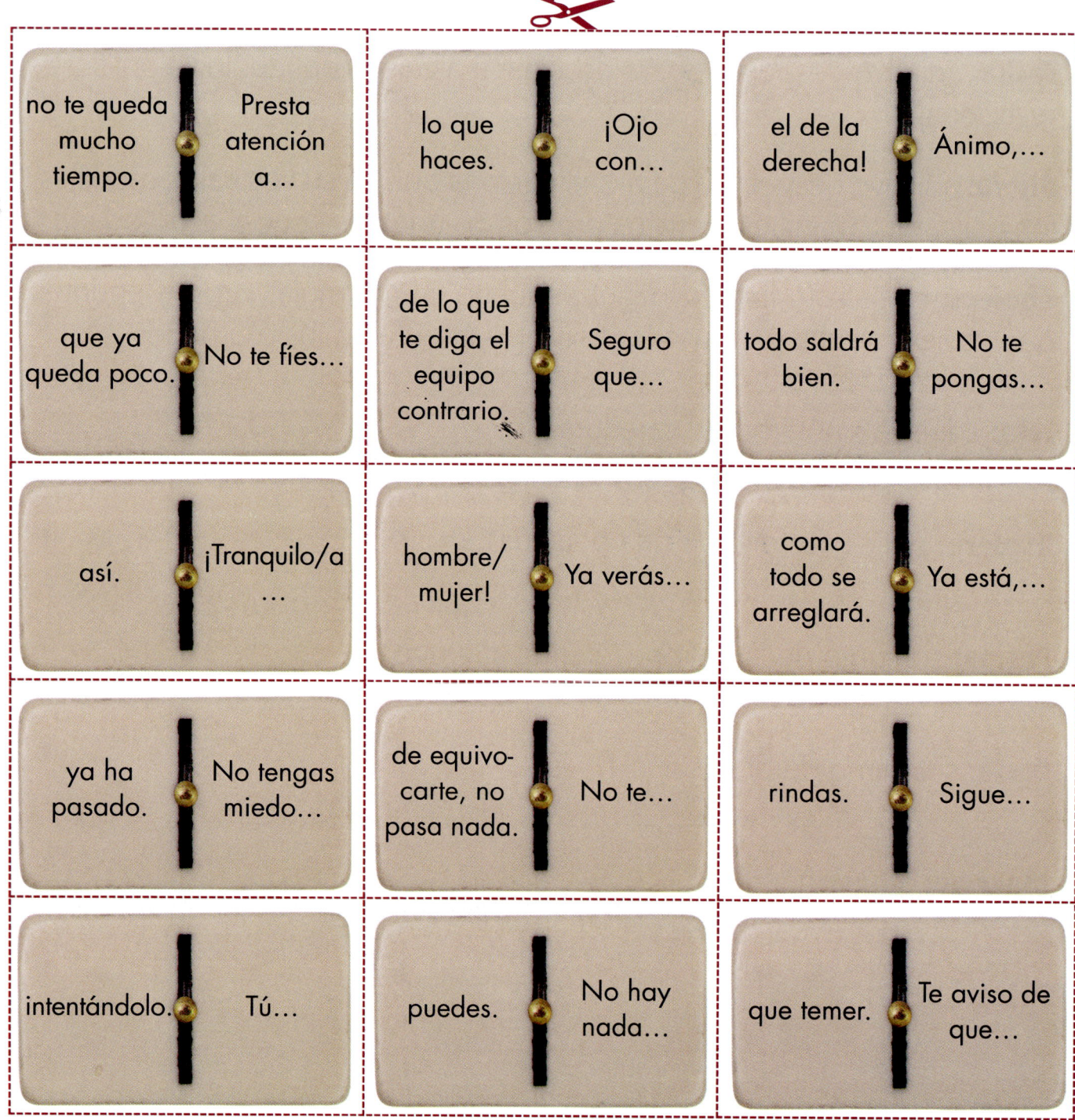

no te queda mucho tiempo. / Presta atención a…	lo que haces. / ¡Ojo con…	el de la derecha! / Ánimo,…
que ya queda poco. / No te fíes…	de lo que te diga el equipo contrario. / Seguro que…	todo saldrá bien. / No te pongas…
así. / ¡Tranquilo/a …	hombre/mujer! / Ya verás…	como todo se arreglará. / Ya está,…
ya ha pasado. / No tengas miedo…	de equivocarte, no pasa nada. / No te…	rindas. / Sigue…
intentándolo. / Tú…	puedes. / No hay nada…	que temer. / Te aviso de que…

Formación de diminutivos

TEXTO A

Palabras monosílabas:

La tendencia es a construir el diminutivo agregando el sufijo **-ecito**. Hay casos, como en *pie*, que al hacerlo se duplica el interfijo **-ec-**, dando lugar al diminutivo *piececito*.

En general, para construir el diminutivo en monosílabos acabados en consonantes, se les agrega **-ecito**, **-ecita**: *lucecita, crucecita, pececito, mesecito*. Aunque en algunos países americanos se prefiere: *florcita* a *florecita* (de flor), *pancito* a *panecito* (de pan), *trencito* a *trenecito* (de tren).

Palabras bisílabas:

Admiten cualquier forma de sufijo (**-ito, -cito, -ecito**), pero condicionan el uso de uno u otro si terminan en **vocal átona**, **vocal tónica** o en **consonante**. También depende de qué vocal se trate para saber qué sufijo usar:

- Palabras bisílabas terminadas en **vocal átona -a**: *cama → camita*
- Palabras bisílabas terminadas en **vocal átona -o**: *coro → corito*

Como en toda regla, hay excepciones, algunas palabras bisílabas terminadas en **-a** o en **-o** átonas hace diminutivo con **-ecito, -ecita**: *lluviecita, seriecita, noviecito* (novio).

Por lo mismo, un gran número de palabras bisílabas terminadas en vocal **-a/-o** átonas tienen dos formas para el diminutivo. Muchos autores actuales consideran válidas las formas americanas, antes tildadas de incorrectas: *puertecita/puertita, siestecita/siestita, fiestecita/fiestita, cuestecita/cuestita, cuentecito/cuentito, puestecito/puestito*.

TEXTO B

Un caso especial es **mano**, que da origen a *manita* y *manecita*, pero también a *manito*, usada en Perú.

Como diminutivos de **papá** se emplean *papaíto*, el más normal en España, y *papito*, muy extendido en América. También responde a las reglas de formación de diminutivos, y es, por tanto, correcta, la forma *papacito*, que en América suele alternar con *papito* y *papaíto*, y que en países como México es el diminutivo más frecuente. En todo el ámbito hispánico se usa también la forma hipocorística *papi*.

Como diminutivo de **mamá** se emplean *mamaíta*, el más normal en España, y *mamita*, muy extendido en América. También responde a las reglas de formación de diminutivos, y es, por tanto, correcta, la forma *mamacita*, que en América suele alternar con *mamita* y *mamaíta*, y que en países como México es el diminutivo más frecuente. En todo el ámbito hispánico se usa también la forma hipocorística *mami*.

- Palabras bisílabas terminadas en vocal tónica **-á**: *sofá → sofacito*
- Palabras bisílabas terminadas en vocal tónica **-ú**: *caribú → caribucito*
- Palabras bisílabas terminadas en vocal **-e**: *traje → trajecito, suave → suavecito*

Un caso especial es **bebé**, que en América da origen a *bebito* y en otros lugares a *bebecito*; ambos aceptados.

- Palabras bisílabas terminadas en consonante: *reloj → relojito, doctor → doctorcito*

Formación de diminutivos

TEXTO C

Palabras polisílabas:

Tienden a formar su diminutivo con **-ito**:

- Palabras polisílabas terminadas en vocal: *palmerita, sombrerito.*
- Palabras polisílabas terminadas en consonante que no sea **-n** o **-r**: *espositas.*

Tienden a formar su diminutivo con **-cito** palabras polisílabas que terminan en **-n** o **-r**: *chaquetón → chaquetoncito, vestidor → vestidorcito.*

Debemos hacer notar que los sufijos **-ico** e **-illo** en los diminutivos funcionan de la misma manera que **-ito** y su uso depende más de las preferencias regionales que del contexto lingüístico.

Palabras defectivas:

Hay muchas palabras que no tienen diminutivo, como: *edad, bondad, ciudad, útil, espacio, lenguaje, apetito, termita.*

En algunos países, particularmente Colombia y Cuba, las terminaciones **-tito/-tita** se cambian por **-tico/-tica**: *zapato/zapatico* (lo prefieren a *zapatito*), *pato/patico, rato/ratico.*

TEXTO D

Otros sufijos diminutivos:

- **-illo/-illa:** *venado/venadillo, mujer/mujercilla.* Afectivo, despectivo.
- **-ico/-ica:** *perrico/perrica.*
- **-ucho/-ucha:** *casa/casucha.* Despectivo.
- **-ín/-ina:** *pequeñín/pequeñina.* Afectivo.
- **-uelo/-uela:** *ladrón/ladronzuelo/ladronzuela.* Afectivo.
- **-ete/-eta:** *viejo/vejete.* Despectivo.
- **-uco/-uca:** *perro/perruco.* Despectivo.

Palabras originadas de diminutivos:

Algunos diminutivos se han convertido en palabras. Por ejemplo, el tirador de una puerta tiene forma de pera, y se le llama *perilla*. Estas palabras tienen sus propios diminutivos (*perillita*).

mano: parte del cuerpo.	/	**manecilla**: puntero del reloj.
chico: niño.	/	**chiquillo**: muchacho
bolso: cartera de mujer.	/	**bolsillo**: bolsa cosida a la ropa.
balanza: para pesar.	/	**balancín**: para jugar.

(http://www.profesorenlinea.cl/castellano/Diminutivos.html)

Después de currar, una guira

Los latinoamericanos perciben una especie de violencia cuando escuchan hablar a los españoles y sucede lo contrario, cuando los segundos escuchan a los primeros y detectan una cierta cortesía. Hay una diferencia abismal si un español dice "ahora" y un mexicano prolonga la posibilidad de inmediatez con un "ahorita", según se puede confirmar en el libro 'Diálogos Hispánicos'. Para los latinoamericanos los españoles hablan directo, van al grano, como una recta que une dos puntos, sin embargo, por el contrario, los latinoamericanos hacen rodeos en sus conversaciones teñidas de barroquismo.

De todas formas, el habla de los hispanoamericanos tiene sus variantes, con mezclas del andaluz en el Caribe, el habla de los indios quechuas en la Cordillera de los Andes, el guaraní en Paraguay y la forma hablar europea de italianos y franceses en Argentina. Ni que hablar de la influencia del spanglish (jerga que mezcla el español con el inglés) en la frontera mexicana-estadounidense, donde *lanchear* (del inglés *lunch*) significa comer. Lo cierto es que *ir a currar* (trabajar, coloquialmente) en España equivale a *ir a la pincha* en Cuba, *a la chamba* en Venezuela y *al laburo* en Argentina. Un amigo en Cuba es un *colega* en España, y un *pata* en Perú.

Tomar una cerveza también tiene sus diferencias, ya que en España es *una caña*, en Cuba, *una guira* y en México, *una chela*. Una persona que en su vestuario, modales, lenguaje o gestos manifiesta gustos propios de una clase social acomodada es un *pijo* en España, *sifrno* en Venezuela, un *fresa* en México y un *cheto* en Argentina.

Si uno no ha salido de su país, la equivalencia de los vocablos de ese idioma que hablan más de 400 millones de personas en el mundo puede ser un misterio, ya que aunque significan lo mismo, no se parecen en nada.

(http://rancho-latino.blogspot.com.es/2007/12/despus-de-currar-est-bien-una-guira.html)

UNIDAD 3 - Ficha 10

Experiencias políticas

SALIDA

1

Avanza tres casillas. 5	**Las últimas elecciones en tu país.** 4	**Sistema político de tu país.** 3	**¿Has votado alguna vez en blanco? ¿Por qué?** 2
? 6	**La primera vez que votaste.** 7	**El líder político más carismático de las últimas décadas.** 8	**¿Has pertenecido a algún partido político?** 9
Tres sustantivos que pueden ir con el adjetivo "electoral". 13	**?** 12	**Retrocede a la casilla 3.** 11	**Una noticia política.** 10
Si no estás de acuerdo, ¿voto en blanco o nulo? 14	**El jefe de gobierno de tu país.** 15	**Avanza dos casillas.** 16	**¿En qué situación te abstendrías en unas elecciones?** 17
Tres verbos que combinan con el sustantivo "elecciones". 21	**Vuelve a la casilla 9.** 20	**Un escándalo político.** 19	**?** 18

LLEGADA

22

Personajes y acontecimientos

1. La reunificación de Alemania después de la caída del muro de Berlín.

2. La teoría de que el Sol era el centro del universo y no la Tierra, lo que le trajo problemas con la Inquisición a este personaje.

3. La confirmación de la existencia de la radioactividad.

4. La equiparación de los derechos de los trabajadores del Vaticano a los del resto de Europa.

5. La abolición de la esclavitud.

6. La permanencia de la India unificada.

7. El fin del régimen comunista.

8. El progreso en la ingeniería civil, a través de múltiples inventos.

9. La erradicación de muchas enfermedades infecciosas.

10. La entrada de España en la Comunidad Económica Europea (actual Unión Europea) en 1985.

11. La revelación de muchos secretos de estado.

12. El fin de la Segunda Guerra Mundial.

Las guerrillas hispanoamericanas

I. **¿Conoces algún movimiento guerrillero actual en Hispanoamérica? Completa este texto con las palabras del cuadro para entender mejor qué es una guerrilla.**

> despreciadas • armados • disolvieron • injusticias • pública • revolucionaria

Las guerrillas en América Latina son movimientos (1) _____ con ideología política de izquierda (2) _____. Surgieron con el ánimo de luchar contra las distintas dictaduras e (3) _____ sociales que sufrieron durante muchos años varios países del continente. Las guerrillas han causado diferentes efectos entre los ciudadanos, han sido elogiadas y (4) _____ por el pueblo. Algunas han recibido el apoyo y el respeto de la opinión (5) _____ llegando incluso al gobierno del país, otras siguen activas y muchas se (6) _____.

2. Lee este texto para explicárselo a los otros compañeros.

Sendero Luminoso es una organización terrorista de tendencia ideológica marxista, leninista y maoísta originada en Perú. Su objetivo es reemplazar las instituciones peruanas, que consideran burguesas, por un régimen revolucionario campesino comunista.

Sendero Luminoso, fundado por Abimael Guzmán en el departamento de Ayacucho, empieza su lucha armada en 1980 con la quema de urnas de las elecciones de ese mismo año. Así comienza la acción de esta guerrilla considerada una de las más violentas de occidente. Al mismo tiempo que su zona de influencia se extiende por territorio peruano, su brutal forma de actuación hace que vaya perdiendo la simpatía de algunos sectores de la población. Muchos campesinos muestran desacuerdo con la ideología y las acciones de Sendero Luminoso debido a su falta de respeto por la cultura indígena y sus instituciones.

Durante algunos años es ignorado por el gobierno de Perú, lo que hace que el grupo consolide sus bases alrededor de Ayacucho donde prohíbe la actividad política, las manifestaciones religiosas y el consumo de alcohol. Económicamente también se fortalece ofreciendo protección a narcotraficantes de la zona, así consigue una parte del dinero para su financiación.

En 1992 su cabecilla Abimael Guzmán y su mujer son capturados en Lima por el servicio de inteligencia peruana. Le siguen nuevos líderes que también son capturados años después. Después del encarcelamiento de estos guerrilleros la presencia terrorista de Sendero Luminoso es prácticamente nula, aunque una minúscula facción llamada Proseguir o Sendero Rojo continúa esporádicamente activa en un lugar de la Amazonía. Se cree que está infiltrada en centros educativos donde intenta adoctrinar a los jóvenes.

Las guerrillas hispanoamericanas

1. ¿Conoces algún movimiento guerrillero actual en Hispanoamérica? Completa este texto con las palabras del cuadro para entender mejor qué es una guerrilla.

despreciadas • armados • disolvieron • injusticias • pública • revolucionaria

Las guerrillas en América Latina son movimientos (1) _____ con ideología política de izquierda (2) _____. Surgieron con el ánimo de luchar contra las distintas dictaduras e (3) _____ sociales que sufrieron durante muchos años varios países del continente. Las guerrillas han causado diferentes efectos entre los ciudadanos, han sido elogiadas y (4) _____ por el pueblo. Algunas han recibido el apoyo y el respeto de la opinión (5) _____ llegando incluso al gobierno del país, otras siguen activas y muchas se (6) _____.

2. Lee este texto para explicárselo a los otros compañeros.

El **Frente Sandinista de Liberación Nacional (FSLN)** es una organización política de izquierda revolucionaria creada en 1961 en Nicaragua por seguidores del revolucionario nicaragüense Augusto C. Sandino, líder de la resistencia contra la ocupación estadounidense en su país a principios del siglo XX. Su objetivo inicial es el derrocamiento de la dictadura de la familia Somoza a través de la lucha armada y así tomar el poder estableciendo un régimen socialista y democratizar Nicaragua.

Sus tácticas guerrilleras, inspiradas en la revolución cubana, originan brutales y sangrientas represalias por parte de la Guardia Nacional de Somoza. El FSLN presenta fracturas internas, pero ante la creciente rebelión popular logra unirse bajo el liderazgo de los hermanos Daniel y Humberto Ortega y dirigir la revolución que finalmente acaba con la dictadura de Somoza en julio de 1979. Cuando el FSLN llega al poder dirigido por Daniel Ortega confisca las posesiones de los Somoza y nacionaliza las principales industrias del país, aunque no prohíbe los partidos políticos y las elecciones, que celebra en 1984.

Esas reformas apoyadas por los países del bloque comunista hacen que el gobierno estadounidense organice y financie un ejército guerrillero armado denominado contra (de contrarrevolución). De esta manera el país se ve inmerso en una guerra que desencadena la crisis económica y política más grave de la historia del país. Ortega es presionado por varios frentes y finalmente convoca nuevas elecciones en 1990 en las que pierde el poder. Los logros más destacables de este periodo de gobierno revolucionario son la reducción del índice de analfabetismo, el acceso a enseñanza superior a personas con pocos recursos, la reforma agraria y la reducción de la tasa de mortalidad y enfermedades graves a través de la universalización de la sanidad.

En las elecciones presidenciales de noviembre de 2006 el FSLN vuelve al poder con su candidato Daniel Ortega.

UNIDAD 3 - Ficha I2C

Las guerrillas hispanoamericanas

I. **¿Conoces algún movimiento guerrillero actual en Hispanoamérica? Completa este texto con las palabras del cuadro para entender mejor qué es una guerrilla.**

> despreciadas • armados • disolvieron • injusticias • pública • revolucionaria

Las guerrillas en América Latina son movimientos (1) _____ con ideología política de izquierda (2) _____. Surgieron con el ánimo de luchar contra las distintas dictaduras e (3) _____ sociales que sufrieron durante muchos años varios países del continente. Las guerrillas han causado diferentes efectos entre los ciudadanos, han sido elogiadas y (4) _____ por el pueblo. Algunas han recibido el apoyo y el respeto de la opinión (5) _____ llegando incluso al gobierno del país, otras siguen activas y muchas se (6) _____.

2. Lee este texto para explicárselo a los otros compañeros.

Las **Fuerzas Armadas Revolucionarias de Colombia (FARC)** es un grupo guerrillero con ideología marxista-leninista. Las FARC operan en Colombia y en las regiones fronterizas de Brasil, Ecuador, Panamá, Perú y Venezuela. Afirman que su objetivo es acabar con las desigualdades sociales, políticas y económicas.

Entre 1956 y 1958 surge una violencia bipartidista que se intenta frenar con un acuerdo de reparto de poder entre liberales y conservadores. Con él se intenta poner fin a cualquier influencia comunista y en 1964 se inicia un conflicto armado en el que participan las FARC comandadas por Manuel Marulanda. En 1966 se consolida definitivamente como el brazo armado del Partido Comunista.

Son consideradas grupo terrorista por diversos estados, entre ellos todos los de la Unión Europea. Su actividad consiste en secuestros, asesinatos, implantación de minas antipersona y operaciones de narcotráfico. Uno de los secuestros más recordados a nivel internacional es el secuestro de la candidata presidencial colombiana Ingrid Betancourt, que es secuestrada en medio de su campaña electoral y retenida durante 5 años en la selva.

En 2008 muere Marulanda y posteriormente su sucesor, la muerte de sus principales cabecillas hace que se debiliten, pero sus efectivos siguen siendo numerosos. Un informe de *Human Rights Watch* revela que un número considerable de sus componentes son menores de 18 años reclutados forzosamente.

En 2012 el presidente colombiano Juan Manuel Santos inicia diálogo con la guerrilla de las FARC con la finalidad de encontrar una salida pacífica al conflicto armado que ya dura más de sesenta años. Este proceso de ve empañado a principios de 2013 cuando el grupo vuelve a secuestrar y atentar.

La crisis financiera

1. **¿Sabes qué significan estas palabras? Pregunta a tu compañero el significado de las que no estés seguro y toma nota.**

agravar (*agravarán*):

eludir (*eludió*):

especulativas:

desplomarse (*se desplomaron*):

ajuste:

bonanza:

contagio:

sacudida:

morosidad:

2. **Explica a tu compañero los significados de las palabras que te pregunte.**

encarecimiento: aumento del valor que se da a un producto.

países emergentes: países que están en vías de desarrollo y cuya economía crece significativamente.

repercusiones: efectos, consecuencias.

ahorro público: dinero que ha guardado el Estado de un país.

desaceleración: disminución de la velocidad con que se hace una actividad.

caída del empleo: descenso en el número de ofertas y puestos de trabajo que hay en un país.

priorizar: dar preferencia en el tiempo.

financiación: aporte del dinero necesario para cubrir unos gastos.

incrementos: aumentos.

La crisis financiera

1. **¿Sabes qué significan estas palabras? Pregunta a tu compañero el significado de las que no estés seguro y toma nota.**

encarecimiento:

países emergentes:

repercusiones:

ahorro público:

desaceleración:

caída del empleo:

priorizar:

financiación:

incrementos:

2. **Explica a tu compañero los significados de las palabras que te pregunte.**

agravar (*agravarán*): hacer más difícil o molesto.

eludir (*eludió*): evitar una dificultad.

especulativas: que se han hecho con el objetivo de obtener importantes beneficios aprovechando las variaciones de precios.

desplomarse (*se desplomaron*): caer, arruinarse.

ajuste: medidas que toman los gobiernos para equilibrar la economía.

bonanza: periodo de tiempo de prosperidad y bienestar.

contagio: transmisión de unas características como consecuencia de la influencia de un país en otro.

sacudida: movimiento rápido de un lugar a otro.

morosidad: falta de puntualidad en el pago de una deuda.

Presente

Tribus urbanas

EMOS Y POKEMONES

La cultura emo original nace en los años 80 como un estilo musical derivado del *punk hardcore* americano: la palabra *emo* viene de *Emotional hardcore music*. Actualmente su música es más comercial y su representante más conocido es My chemical romance y Green Day.

En la actualidad, los emos están bastante extendidos, y han surgido subculturas relacionadas como los pokemones. En la actualidad, la mayoría de emos son de edad adolescente, entre los 14 y 20 años. Tienen una visión negativa de la vida y suelen mostrarse al mundo como pesimistas y víctimas de una sociedad que ha sido creada pensando más en el capital y en los intereses privados y que se olvida de las personas y sus verdaderas necesidades. Los pokemones se basan sobre todo en la estética y tienen una visión de la vida más positiva.

Llevan el peinado engominado cubriendo parte de la cara, *piercings*, zapatillas *Converse*, muñequeras, chapas, sudaderas con capucha, camisetas ajustadas (generalmente negras) y calzoncillos a la vista.

Son mentes inconformistas y pesimistas. Se preocupan mucho por su apariencia y se declaran en contra de las modas (aunque paradójicamente ser emo está de moda), suelen tener tendencia a preguntarse el sentido de las cosas y no suelen creer en las religiones. Una de sus frases más repetidas es "el emo nace, no se hace".

FLOGGERS

También conocidos como *flogers* o *floguers* son en su mayoría adolescentes asiduos a páginas webs sociales como *fotolog.com*, donde se relacionan colgando fotos y comentarios. Esta cibertribu surgió en América Latina, más concretamente en Argentina con la expansión de Internet en la mayoría de los hogares de todo el mundo. Hay gente que relaciona a esta tribu con los emos, aunque realmente su filosofía es bastante distinta.

Usan zapatillas estilo *Converse*, pantalones de pitillo, camisetas amplias y colores llamativos. Suelen llevar media melena, con flequillo.

Los floggers están ligados al "Estilo glam", y la mayoría escucha el denominado como "Glam rock".

Para ellos, las páginas sociales ofrecen a la juventud la posibilidad de comunicarse, conocer gente, compartir fotos, vídeos y hasta ligar por la Red.

GÓTICOS

Surgen en el Reino Unido en los años 80 de grupos *punk*. En la actualidad, siguen existiendo aunque no es de las tribus más extendidas. Suelen estar en bares propios, o a veces mezclados con grupos *heavys* y *punks*.

Se decantan por la ropa negra, preferentemente de cuero, y botas. Les gusta llevar la piel pálida y usan complementos del tipo brazaletes con pinchos, muñequeras, cadenas, rejillas… También suelen llevar elementos religiosos como cruces (hacia arriba o hacia abajo), estrellas de cinco puntas, etc.

Tienen grupos musicales propios, no obstante muchos también suelen escuchar heavy metal y otros géneros parecidos.

Suelen mostrar atracción por todo lo relacionado con la muerte y el ocultismo y a pesar de llevar una indumentaria que pudiera dar a entender que son una tribu violenta, en realidad se les considera un grupo pacífico.

Claves de la felicidad

1- Ambición

¿Cuántas cosas necesita uno tener para ser feliz? En los años 80, el profesor canadiense Alex Michalos pidió a 18 000 estudiantes universitarios de 39 países que midieran su felicidad en una escala numérica e indicaran cuán cerca estaban de poseer todo lo que querían. Aquellos cuyas aspiraciones —no solo de dinero, sino de amigos, familia, trabajo, salud, etc.— superaban por mucho lo que ya tenían, tendían a ser menos felices que los que percibían una diferencia menor. El tamaño de la brecha resultó ser un indicador de felicidad unas cinco veces mejor que el monto de los ingresos.

Esto quizá explique por qué mucha gente no se siente más feliz a medida que va aumentando el sueldo. En vez de satisfacer nuestros deseos, muchos simplemente deseamos más. En encuestas realizadas en Estados Unidos por la empresa Roper en los últimos 20 años, se pidió a los participantes hacer una lista de los bienes materiales que consideraban importantes para tener "una buena vida". Los investigadores descubrieron que cuanto más tenía la gente, más larga era la lista. Al parecer, "la buena vida" se mantenía siempre fuera de su alcance.

2- La inteligencia

Aunque se han hecho pocos estudios para averiguar si la gente más lista es más feliz, todo indica que la inteligencia no influye en la dicha. Esto sorprende a primera vista, ya que las personas sesudas suelen ganar más y los ricos tienden a ser más felices.

Algunos investigadores creen que como los inteligentes tienen expectativas más altas, suelen trazarse metas muy ambiciosas. "Al parecer, sacar una puntuación alta en una prueba de inteligencia —lo que implica tener un vocabulario amplio y agilidad mental— no tiene mucho que ver con la capacidad para llevarse bien con los demás", dice de Diener, psicólogo de la Universidad de Illinois, quien considera que la "inteligencia social" podría ser la clave de la verdadera felicidad.

3- Genética

¿Es innata la felicidad? David Lykken, genetista conductual y profesor de psicología de la Universidad de Minnesota, cree que la mitad de nuestra sensación de bienestar depende de lo que estamos viviendo en un determinado momento y la otra mitad de un nivel fijo de felicidad que está determinado genéticamente hasta en un 90 por ciento y al que volvemos después de vivir sucesos dramáticos. "Aunque nuestro nivel fijo de felicidad esté determinado en gran parte por los genes", explica Lykken, "depende de nuestro buen juicio y preparación —o de los de nuestros padres— que se traduzca en alegría o en insatisfacción".

Lykken descubrió que la variación genética representa entre 44 y 55 por ciento de la diferencia entre niveles de felicidad. Ni el ingreso, ni el estado civil, ni la fe, ni la educación representan más de un tres por ciento. Así pues, de uno depende el situarse por encima o por debajo del nivel fijo de felicidad. Diversos estudios han demostrado que los extrovertidos tienden a ser más felices que la mayoría de la gente, y mucho más que los introvertidos. También hay pruebas de que el buen humor nos hace más sociables. Michael Cunningham, de la Universidad de Louisville, en Kentucky, comprobó que la gente se vuelve más parlanchina y accesible luego de ver una película alegre que si ve una triste. En teoría, incluso alguien que tenga un nivel fijo de felicidad bajo puede mejorar su percepción de la vida.

Claves de la felicidad

4- La belleza

El rumor es cierto: la gente bella es más feliz. Cuando de Diener pidió a unas personas que evaluaran su propio aspecto físico, observó un "efecto leve pero positivo del atractivo físico en el bienestar subjetivo".

La explicación quizá sea que la vida es más benévola con los guapos. O tal vez se trate de algo más sutil. Los rostros más atractivos son muy simétricos, y hay pruebas de que la simetría es señal de buenos genes y un sistema inmunitario saludable. Entonces, la gente hermosa quizá sea más feliz porque es más sana.

Usted puede aprovechar el efecto benéfico que la belleza le da a su ego aunque no tenga un físico envidiable; solo tiene que estar convencido de que luce de maravilla.

5- Fe

De las docenas de estudios que se han realizado sobre religión y felicidad, la gran mayoría han encontrado una relación positiva entre ambas.

Creer en que existe una vida después de la muerte le da sentido y consuelo a muchas personas, además de paliar el sentimiento de estar solas en el mundo, sobre todo al envejecer, explica Harold Koenig, del Centro Médico de la Universidad Duke. "Esto se hace patente en situaciones difíciles. Las creencias religiosas pueden ser un arma muy poderosa para enfrentar la adversidad".

Además, la religión fomenta la interacción y el apoyo sociales. Sin embargo, Koenig considera que no se trata solo de recibir. "Los estudios muestran que quienes ayudan a los demás se sienten bien consigo mismos, e incluso viven más", dice. Esto, afirman los investigadores, hace que la práctica religiosa sea una fuente de mayor satisfacción que otras actividades sociales.

6- Caridad

Diversos estudios han encontrado una relación entre la felicidad y el altruismo, pero como ocurre con muchos otros rasgos de conducta, no se sabe con certeza si ser caritativos nos hace sentir bien, o si la gente feliz tiende a ser más generosa.

James Konow, economista de la Universidad Loyola Marymount, en Los Ángeles, trató de determinar la causa y el efecto con un experimento. Pidió a unos estudiantes que contestaran un cuestionario, y hacia el final de la sesión les dio 10 dólares a la mitad y les dijo que podían compartirlos con los que no habían recibido nada. Konow observó que cuanto más felices eran los estudiantes en general, más tendían a compartir el dinero. Sin embargo, haber estado de buen humor el día de la prueba no los hizo más generosos, y los que compartieron el dinero no mostraron un aumento inmediato de felicidad. De hecho, al final estaban un poco menos contentos.

Con todo, los que compartieron el dinero tendían a presentar los rasgos de personalidad de quienes buscan realizarse plenamente; es decir, ser mejores como individuos. Konow cree que un acto aislado de generosidad no aumenta la felicidad de las personas, pero sí los efectos acumulativos de ser generoso.

(http://www.trabajo.com.mx/10_claves_de_la_felicidad.htm)

MCER: aspectos cualitativos de la lengua hablada

ALCANCE	Tiene un repertorio lingüístico lo bastante amplio como para desenvolverse y un vocabulario adecuado para expresarse, aunque dubitativamente y con circunloquios, sobre temas tales como su familia, sus aficiones e intereses, su trabajo, sus viajes y acontecimientos actuales.	Tiene un nivel de lengua lo bastante amplio como para poder ofrecer descripciones claras y expresar puntos de vista sobre temas generales sin evidenciar la búsqueda de palabras, y sabe utilizar oraciones complejas para conseguirlo.	Tiene un buen dominio de una amplia serie de aspectos lingüísticos que le permiten elegir una formulación para expresarse con claridad y con un estilo apropiado sobre diversos temas generales, académicos, profesionales o de ocio sin tener que restringir lo que quiere decir.
CORRECCIÓN	Demuestra un control gramatical relativamente alto. No comete errores que provoquen la incomprensión y corrige casi todas sus incorrecciones.	Mantiene con consistencia un alto grado de corrección gramatical; los errores son escasos, difíciles de localizar y, por lo general, los corrige cuando aparecen.	Utiliza con razonable corrección un repertorio de fórmulas y estructuras de uso habitual y asociadas a situaciones predecibles.
FLUIDEZ	Puede continuar hablando de forma comprensible, aunque sean evidentes sus pausas para realizar una planificación gramatical y léxica y una corrección, sobre todo en largos períodos de expresión libre.	Se expresa con fluidez y espontaneidad sin apenas esfuerzo. Solo un tema conceptualmente difícil puede obstaculizar la fluidez natural de su expresión.	Es capaz de producir fragmentos de discurso con un ritmo bastante uniforme; aunque puede dudar mientras busca estructuras o expresiones. Se observan pocas pausas largas.
INTERACCIÓN	Elige las frases adecuadas de entre una serie disponible de funciones del discurso para introducir sus comentarios, con el fin de tomar o mantener la palabra y relacionar hábilmente sus propias intervenciones con las de los demás interlocutores.	Inicia el discurso, toma su turno de palabra en el momento adecuado y finaliza una conversación cuando tiene que hacerlo, aunque puede que no siempre lo haga con elegancia. Colabora en debates sobre temas cotidianos, confirmando su comprensión, invitando a los demás a participar, etc.	Es capaz de iniciar, mantener y terminar conversaciones sencillas cara a cara sobre temas cotidianos de interés personal. Puede repetir parte de lo que alguien ha dicho para confirmar la comprensión mutua.
COHERENCIA	Utiliza un número limitado de mecanismos de cohesión para convertir sus frases en un discurso claro y coherente, aunque puede mostrar cierto «nerviosismo» si la intervención es larga.	Produce un discurso claro, fluido y bien estructurado, con el que demuestra un uso controlado de estructuras organizativas, conectores y mecanismos de cohesión.	Sabe contestar preguntas y responder a afirmaciones sencillas. Sabe indicar cuándo comprende una conversación, pero apenas comprende lo suficiente como para mantener una conversación por decisión propia.

Personaje

Juan XXIII.
Papa de la iglesia católica entre 1958 y 1963.

Indira Gandhi.
Ex primera ministra de la India.

Marie Curie.
Química y física polaca que trabajó en Francia junto a su marido.

Mata Hari.
Bailarina y espía de principios del siglo XX.

Winston Churchill.
Primer ministro del Reino Unido en 1945.

Louis Pasteur.
Químico francés.

Helmut Kohl.
Canciller alemán en 1989.

Galileo Galilei.
Astrónomo, físico y filósofo italiano del Renacimiento.

Abraham Lincoln.
Presidente de EE.UU. en 1865.

Mijail Gorbachov.
Presidente de la Unión Soviética en 1989.

Felipe González.
Presidente del gobierno de España en 1985.

Leonardo da Vinci.
Pintor e inventor italiano del Renacimiento.

Ya hay un español que quiere

vivir y a vivir empieza,

entre una España que muere

y otra España que bosteza.

Españolito que vienes

al mundo, te guarde Dios.

Una de las dos Españas

ha de helarte el corazón.

Proverbios y Cantares – LIII, Antonio Machado

Presente

Edi numen

5%

Clase social alta

70%

Clase social media

25%

Clase social baja

MCER: aspectos cualitativos de la lengua hablada

 B1   **B2**   **C1**

	B1	B2	C1
ALCANCE	Tiene un nivel de lengua lo bastante amplio como para poder ofrecer descripciones claras y expresar puntos de vista sobre temas generales sin evidenciar la búsqueda de palabras, y sabe utilizar oraciones complejas para conseguirlo.	Tiene un repertorio lingüístico lo bastante amplio como para desenvolverse y un vocabulario adecuado para expresarse, aunque dubitativamente y con circunloquios, sobre temas tales como su familia, sus aficiones e intereses, su trabajo, sus viajes y acontecimientos actuales.	Tiene un buen dominio de una amplia serie de aspectos lingüísticos que le permiten elegir una formulación para expresarse con claridad y con un estilo apropiado sobre diversos temas generales, académicos, profesionales o de ocio sin tener que restringir lo que quiere decir.
CORRECCIÓN	Demuestra un control gramatical relativamente alto. No comete errores que provoquen la incomprensión y corrige casi todas sus incorrecciones.	Utiliza con razonable corrección un repertorio de fórmulas y estructuras de uso habitual y asociadas a situaciones predecibles.	Mantiene con consistencia un alto grado de corrección gramatical; los errores son escasos, difíciles de localizar y, por lo general, los corrige cuando aparecen.
FLUIDEZ	Es capaz de producir fragmentos de discurso con un ritmo bastante uniforme; aunque puede dudar mientras busca estructuras o expresiones. Se observan pocas pausas largas.	Puede continuar hablando de forma comprensible, aunque sean evidentes sus pausas para realizar una planificación gramatical y léxica y una corrección, sobre todo en largos períodos de expresión libre.	Se expresa con fluidez y espontaneidad sin apenas esfuerzo. Sólo un tema conceptualmente difícil puede obstaculizar la fluidez natural de su expresión.
INTERACCIÓN	Es capaz de iniciar, mantener y terminar conversaciones sencillas cara a cara sobre temas cotidianos de interés personal. Puede repetir parte de lo que alguien ha dicho para confirmar la comprensión mutua.	Inicia el discurso, toma su turno de palabra en el momento adecuado y finaliza una conversación cuando tiene que hacerlo, aunque puede que no siempre lo haga con elegancia. Colabora en debates sobre temas cotidianos, confirmando su comprensión, invitando a los demás a participar, etc.	Elige las frases adecuadas de entre una serie disponible de funciones del discurso para introducir sus comentarios, con el fin de tomar o mantener la palabra y relacionar hábilmente sus propias intervenciones con las de los demás interlocutores.
COHERENCIA	Sabe contestar preguntas y responder a afirmaciones sencillas. Sabe indicar cuándo comprende una conversación, pero apenas comprende lo suficiente como para mantener una conversación por decisión propia.	Utiliza un número limitado de mecanismos de cohesión para convertir sus frases en un discurso claro y coherente, aunque puede mostrar cierto «nerviosismo» si la intervención es larga.	Produce un discurso claro, fluido y bien estructurado, con el que demuestra un uso controlado de estructuras organizativas, conectores y mecanismos de cohesión.

Edi numen